रुहानी खोज

पिरामिड

की

चमत्कारिक शक्तियां

आर. वेणुगोपालन

AF874873

हैल्थ हारमोनी

रुहानी खोज
पिरामिड
की चमत्कारिक शक्तियां

© आर. वेणुगोपलन 2001

सर्वाधिकार सुरक्षित। प्रकाशक की बिना लिखित अनुमति के पुस्तक के किसी भी अंश का किसी भी तकनीक से पुनः उत्पादन नहीं किया जा सकता है।

प्रथम हिन्दी संस्करण - 2002

मूल्य : 155.00

हैल्थ हारमोनी

प्रकाशक : बी० जैन पब्लिशर्स (प्रा०) लि०
1921/10, चूना मण्डी, पहाड़गंज
नई दिल्ली-110055

दूरभाष : 3670430, 3670572, 3683200, 3683300

मुद्रक : जे०जे० ऑफसेट प्रिंटर्स, नई दिल्ली-110035

दूरभाष : 7104100, 7194791

ISBN-81-8056-042-2

BOOK CODE : BV-5646

भूमिका

जैसे ही कोई मिस्र (Egypt) का नाम भर लेता है उसी क्षण हम अपने आप एक अलौकिक दुनियां में चले जाते हैं जोकि पिरामिड, स्फीनिक्स, ममी और फराओं के मायाजाल से छुपा हुआ है।

मिस्र की अलौकिक चीजों में जो सबसे ज्यादा उभर कर आई है वह है वहां पर बने पिरामिड। दुनियां में मिस्र के पिरामिड एक ऐसी अनोखी दिव्य शक्ति के पुंज के समान उभरा है जिसे आज भी लोग अद्भुत होकर देखने आते हैं। यही कारण है कि मिस्र के पिरामिड दुनियां के सात अजूबों में गिने जाते हैं।

विशाल पिरामिड कला की एक उत्कृष्ट आकृति है जो सदियों से दुनियां में अपना अस्तित्व बनाये रखे है। आप उस विशाल आकृति को तभी सराह पायेंगे जब आप जानेंगे कि कितना मुश्किल और प्रयास भरा काम था यह :

- हर पत्थर को डेढ़ इंच मोटे मसाले से जोड़ा गया है और यह माप सभी स्थान पर एक समान है।
- बीस लाख विशाल पत्थर का इस्तेमाल हुआ एक विशाल पिरामिड बनाने के लिए।
- हर विशाल खंड तकरीबन एक टन वजन का है। कुछ खंड तो ढ़ाई टन से भी अधिक भारी हैं। सबसे भारी पत्थर के खंड तकरीबन 20 टन के हैं।
- पूरा का पूरा पिरामिड 13 एकड़ जमीन पर फैला हुआ है।

क्या आप कल्पना कर सकते हैं इस विशाल और गणितय काम में कितना प्रयास लगा होगा। गणित के अनुसार पिरामिड जिस क्षेत्र पर बना है वह पृथ्वी के गुरुत्वाकर्षण के मध्य क्षेत्र हैं, इसका स्पष्टीकरण तो कई वैज्ञानिकों ने भी किया है। आज के आधुनिक और वैज्ञानिक ज्ञान से जो पेरिस में Observatory का निर्माण किया है वह भी सटीक उत्तर दिशा से तकरीबन 6 मिनिट की दूरी पर है जबकि पिरामिड पूर्णतया उत्तर, दक्षिण, पूरब व पश्चिम के मध्य में स्थित हैं। क्या यह आश्चर्य की बात नहीं है कि हजारों साल पहले मनुष्य ने शिल्प कला में इतनी परिपक्वता हासिल कर ली थी जो कि आज भी संभव नहीं है।

हमने अभी तक जो बात की है वह सागर में से अंजुली भर पानी निकालने के बराबर है। मिस्र देश का विज्ञान, शिल्पकला, भूगोल ज्ञान, जन्म-मृत्यु के रहस्य आदि आज भी एक बहुत बड़ा रहस्य हैं।

मेरी पिरामिड में रुचि एक किताब जिसका शीर्षक था **'दुनियां के आश्चर्य, भाग-1'** पढ़ने के बाद हुई। यह किताब मेरे एक प्रिय जानकार श्री रवि बालासुब्रमनियम ने दी थी। इस किताब ने मेरे मन में कोतुहल और रहस्य भर दिया और यही कारण था कि मैं रहस्यमयी और आश्चर्यजनक चीजों में रुचि लेने लगा। श्री रवि बालासुब्रमनियम ने मिस्र देश के चित्रों को भेजा जिनका मैंने अपनी इस पुस्तक में संकलन किया है। यह उन्हीं के परामर्श और सहायता का नतीजा है कि आप तक मैं कई तत्वों की जानकारी दे पा रहा हूं। मैं उनका बहुत आभारी हूं क्योंकि उन्होंने मेरे और मेरे परिवार की हर मुश्किल दौर में मदद की।

पिछले 6 सालों में मैंने कई शक्तिशाली और प्रभावशाली पिरामिड तंत्र तकनीकों को बनाया है और उन तंत्र क्रियाओं में आश्चर्यजनक नतीजे दिए हैं।

इस पुस्तक में मैंने कोशिश की है कि उन तकनीकों को आप तक पहुंचाऊं। मिस्र के इतिहास और उन पर चल रहे रिसर्च पर काफी किताबें

आज बाजार में उपलब्ध हैं। यह किताब जो आपके हाथ में है वह पिरामिड से की जा सकने वाली तकनीकों का एक छोटा सा प्रयास है।

इस पुस्तक को मैंने 6 भागों में लिखा है जिससे कि समझने और इस्तेमाल करने में आसानी हो।

- इतिहास के पटल
- मिस्र के विभिन्न देवी और देवता
- श्री यंत्र और पिरामिड का सम्बन्ध
- पिरामिड के विभिन्न उपयोग
- पिरामिड - काटो और इस्तेमाल करो
- पिरामिड - शक्ति खंड

आभार

ॐ नमः शिवाय

दुनियां में कई नदियां हैं और हर नदी अपने ही नाम से जानी जाती है मगर जिस क्षण वे सागर में मिलती हैं उसी क्षण वे अपने-अपने अस्तित्व को खो कर एक बन जाती हैं।

उसी प्रकार, प्रकृत्ति एक ज्ञान का सागर है, प्रकृति के हर कण में जो ज्ञान होता है वह ऊपरी तौर पर तो भिन्न होता है मगर उनका मूल सच एक समान होता है। — *अघोरी बाबा पिनाद्रिक जी*

साधना के दौरान मेरे गुरु के कहे हुये शब्द आज भी मुझे साधना पथ पर अध्यात्म की रोशनी दिखाते हैं।

जो ज्ञान मैं आप लोगों के साथ बांट रहा हूं वह कोई रहस्य नहीं है मगर प्रकृति की एक दिव्य देन है जो मुझे कई रास्तों में से गुजरते हुए मिले हैं।

ज्ञान का मूल स्रोत है, मातृ और पितृ के आशीष और आशीर्वाद जो एक दिव्य रोशनी के स्तम्भ की भांति मुझे रास्ता दिखा रहे हैं। अघोरी बाबा पिनाद्रिक जी, लामा जीयोंग रिमपोंचे, स्वामी चिदानंद महाराज और मतंग बाबा की मुझ जैसे बालक पर असीम कृपा और आशीर्वाद है।

दोस्तों, साथियों और प्रियजनों की आलोचना और प्यार ने मुझे साधना पथ में और गहरा उतरने में मदद की है।

मैं श्री कुलदीप जैन, श्री अशोक जैन, श्री श्रवण जैन और बी. जैन पब्लिशर्ज़ (प्रा.) लि. के अन्य लोगों के प्यार व प्रोत्साहन के लिए तहे दिल से आभारी हूं। यह उनका प्यार ही है जो मेरे जैसे लेखक को और अच्छा काम करने के लिए उत्साहित करती है। आभार है आप सबका।

आर. वेणुगोपालन
427 ध्रूव अपार्टमेंट्स, प्लाट नं.-4,
आई.पी. एक्सटेंशन, दिल्ली-110092
Email venrudra@yahoo.com

विषय सूची

❖ ❖ ❖

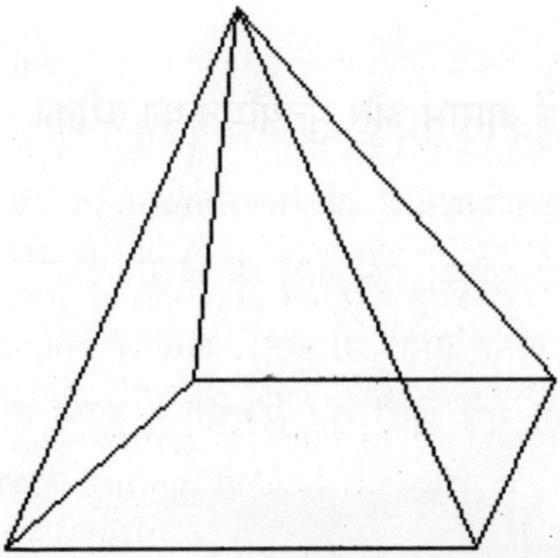

पिरामिड एक परिचय

'पिरामिड' शब्द दो ग्रीक शब्दों पिरा+मिड के योग से बना है। जिसके अनुसार इस शब्द का अर्थ है 'पिरा' यानि आग तथा 'मिड' अर्थात केन्द्र।

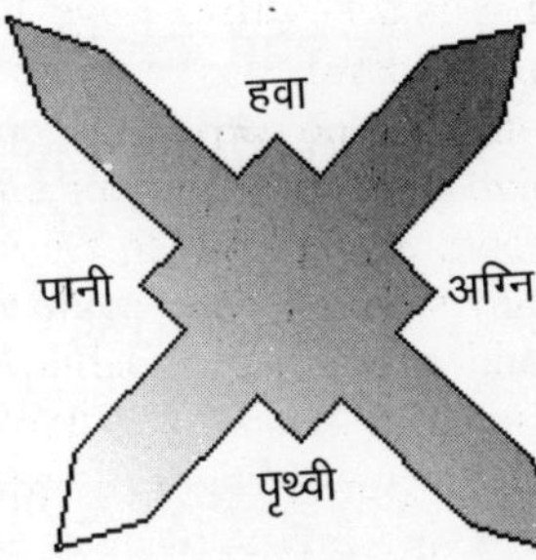

मिश्र वासियों का विश्वास है कि सम्पूर्ण विश्व चार मूलभूत तत्वों से निर्मित है जो इस प्रकार हैं — जल, वायु अग्नि तथा पृथ्वी। इन चारों में भी मिश्र वासियों ने अग्नि को प्रमुख तथा सम्पूर्ण ब्रह्माण्ड में व्याप्त ऊर्जा का सच्चा प्रतिनिधि माना है। उनके समस्त धार्मिक कार्यों में अग्नि का प्रयोग किया जाता था। उनके मतानुसार यह सूक्ष्म रूप में सूर्य ऊर्जा का प्रतिनिधित्व करती है।

प्रारम्भ में इन पिरामिडों का स्वरूप इतना सुन्दर तथा त्रिकोणीय नहीं था जैसा कि हम आज देखते हैं बल्कि कमोबेश रेत तथा पत्थरों का ढ़ेर मात्र होता था। बहुत कुछ पशुओं के बाड़े के जैसा। इसमें केवल एक कमरे के बराबर दफनाने की जगह होती थी जहां कि लाश को लिटाया जाता था। यह बात वहां से निकाले गये शवों की स्थिति से स्पष्ट हो चुकी है क्योंकि ये शव पूरी तरह नष्ट हो चुके हैं। केवल खोपड़ी ही के अवशेषों की जांच की जा सकती है। जबकि बाद में सुरक्षित किए गए शवों या यूं कहिये कि पिरामिडों में एक तो स्थान इतना अधिक रखा जाने लगा कि उसमें कई-2 कक्ष बनने लगे तथा उन कक्षों में मृतक व्यक्ति से सम्बन्धित बहुत से वस्तुऐं जैसे कि बिस्तर, कपड़े, जेवरात इत्यादि रखे जाने लगे।

दफनाने के स्थान का यह विस्तारीक रण पत्थरों से निर्मित एक बड़ी इमारत के रूप में किया जाने लगा। तीसरे राजवंश के समय में सीढ़ीदार पिरामिडों का निर्माण किया गया या यूं कहना होगा कि वजूद में आये। पिरामिडों के वर्तमान स्वरूप ग्रहण करने से पहले अपना आकार कई बार बदला होगा। ऐसा निश्चित रूप से कहा जा सकता है क्योंकि जहां चित्र-4 में पांच सीढ़ियों वाला पिरामिड दिखाया गया है वहीं चित्र-5 में मध्यम आकार में बना।

पिरामिड कैसे, क्या और क्यों?

इन पिरामिड निर्माताओं के सामने जो सबसे बड़ी समस्या रही होगी वह यह थी कि निर्माण कार्य में प्रयोग की जाने वाली उन बड़ी-बड़ी पत्थर की शिलाओं को उठाकर कैसे एक स्थान से दूसरे स्थान पर ले जाया जाये। इसके लिए उन्होंने मलबे तथ मिट्टी के ढेलों से बने हुए ढ़लानयुक्त चबूतरे नुमा स्थान का प्रयोग किया होगा। तब इन चबूतरों की तरफ उन बड़े-बड़े पत्थरों को धकेला गया होगा। ढलानों की लम्बाई पिरामिड की ऊँचाई पर निर्भर रही होगी। यह भी हो सकता है कि कार्य को जल्दी पूरा करने के लिए बहुत से चबूतरे बनाये गये हों। प्रारम्भ में बहुत से पिरामिड सीढ़ीदार बनाये गये तथा बाद में उन सीढ़ियों को शरावन की परतें लगाकर भर दिया गया। यह शरावन क्रिया चूना पत्थरों द्वारा की गयी।

लेकिन पिरामिड के विषय में शोध करने वालों के मस्तिष्क में अहम सवाल बहुत पहले से उठ रहा था कि मिश्र जैसे स्थान पर कैसे इन भीमकाय पत्थरों को पिरामिड निर्माण के स्थान तक ले जाया गया होगा।

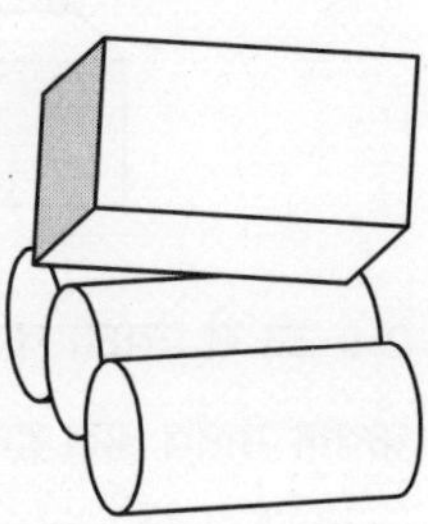

इस सवाल का जवाब नील नदी के उस अमृत समान जल ने दिया जो *प्राचीन* मिश्र

से लेकर *आधुनिक* मिश्र तक दोनों के लिये समान रूप से उपयोगी रहा है। अधिकतर पिरामिड नील नदी के किनारे स्थित थे तथा खदानों से पत्थर की शिलाओं को जहाजों द्वारा इच्छित स्थान पर लाया गया तथा बाढ़ के दिनों में तो यह काम और भी आसान हो गया होगा।

पानी से बहार जमीन पर पहुंचने के बाद उन आयाताकार पत्थरों को स्लेजों पर लीवर के सिद्धांत पर लाद दिया गया तथा दो-दो पत्थरों को आपस में रस्से की सहायता से बाँध दिया गया। लोग लकड़ी के गोल लट्ठे जिनमें ये पत्थरों का जोड़ा बंधा होता था को लुढ़काते हुए इच्छित स्थान पर ले जाते थे। व्यक्तियों की संख्या शिलाओं के वजन के अनुसार कम या ज्यादा हो सकती थी।

पत्थरों को लुढ़का-लुढ़का कर एक निश्चित ऊँचाई पर जमाने के बाद भी यह बात बिल्कुल असंभव सी लगती है कि जमाव एक निश्चित कोण में हो सके।

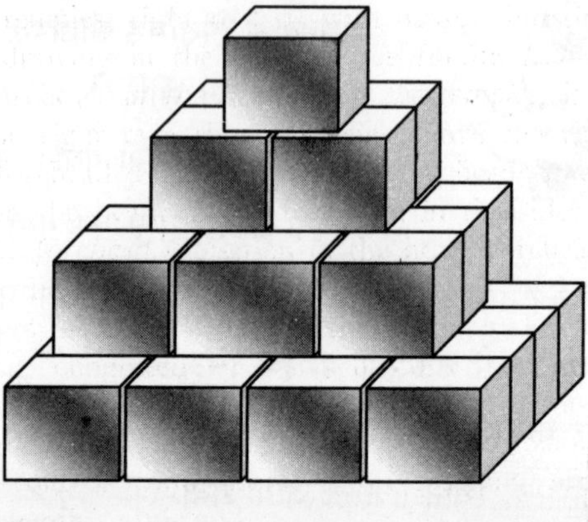

2.5 टन से ज्यादा वजन वाले पत्थर को केवल शारीरिक बल के आधार पर केवल मानव बल द्वारा उठाना तथा उचित कोण से जमाना असंभव ही जान पड़ता है। यदि यह बात मान भी ली जाये कि लोगों ने मिलकर पाषाण खंड

उठा भी लिया होगा तो भी उसे इच्छित तथा निश्चित कोण में जमाने वाली बात बिल्कुल हास्यास्पद सी ही जान पड़ती है क्योंकि ऐसा तभी संभव है जब प्रत्येक व्यक्ति की भारोत्तलन की क्षमता समान हो।

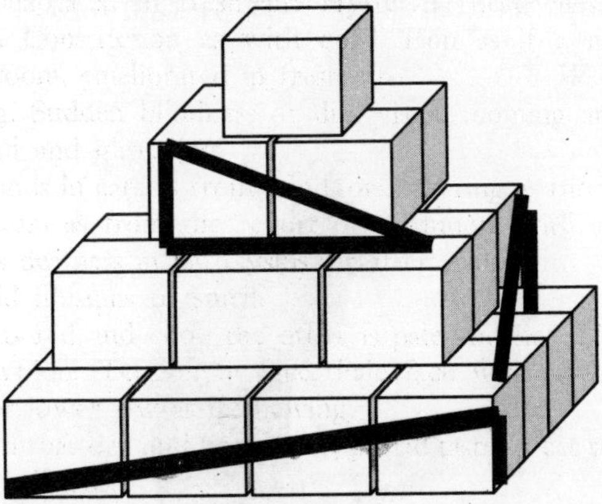

इस सम्बन्ध में दूसरा अहम सवाल यह है कि पाषाण खंडों को उठाकर लकड़ी के लट्ठों पर लादकर बाँधना तथा वांछित स्थान पर उन पर से उतारना। यद्यपि मिले हुए चित्रों को देखने से यह मालूम पड़ता है कि इन पाषाण–खंडों को ले जाने कि क्रिया लकड़ी के लट्ठों द्वारा की गयी थी लेकिन किसी भी चित्र में पाषाण खंड़ों को लट्ठों पर चढ़ाते हुए अथवा लट्ठों से उतारते हुए नहीं दिखाया गया है। उदाहरण के लिए मान लीजिए उन्हें 2 टन वजन का एक पत्थर उठाना था तो वे कैसे एक इतना बड़ा गणक बना सकते थे। आधुनिक तकनीक से भी ऐसी कोई स्वचालित क्रेन अभी तक नहीं बनी है जो 20 टन के पाषाण खंड को उठा सके। शोधकर्ता लम्बे समय से इस सिद्धांत की गुत्थी सुलझाने में लगे हुए हैं लेकिन अभी तक यह नहीं जान पाये हैं कि पिरामिड निर्माण का सही तरीका क्या था। जिस भूमि पर पिरामिड बने हैं। उसका क्षेत्रफल 13 एकड़ है। इसके निर्माण में दो करोड़ से भी ज्यादा पाषाण खंड लगे हैं जिनका वजन सवा छः करोड़ टन से भी ज्यादा बैठता

है। यहां पर सबसे विचित्र बात यह है कि ये गणित के अनुपात सिद्धांत पर बने हैं। अनुपात का सूत्र है $\pi = 3.14159$। ऐतिहासिक प्रमाणों के आधार पर यह सिद्ध होता है कि अनुपात के सिद्धांत का प्रतिपादन मिश्र सभ्यता के लुप्त होने के हजारों वर्षों के उपरांत हुआ था। चारों बिन्दुओं का झुकाव भी एक खास चीज है। पृथ्वी के यह करीब 51 डिग्री कोण में 51 मिनट तथा 51 सैकिंड पर है।

मिस्र–सभ्यता के स्रोत

पिरामिडों के बारे में अधिकतर जानकारी चित्र लिपि की भाषा द्वारा मिली। यह चित्र लिपि की भाषा ई.पू. 5000 से ई.पू. 4000 ई. तक चलती रही।

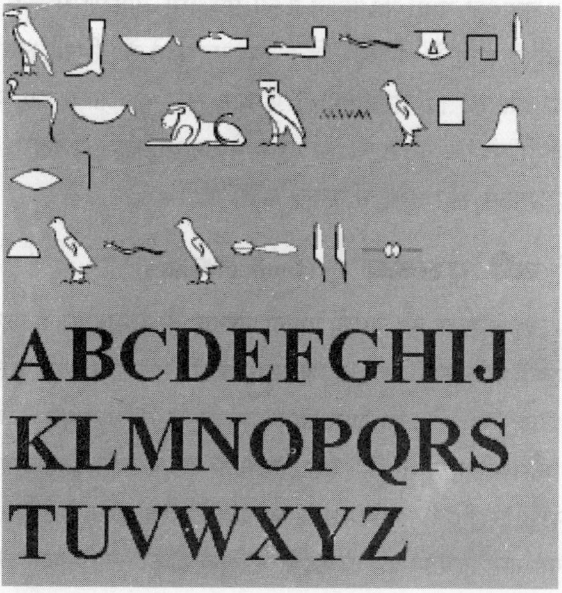

इन प्राचीन धार्मिक ग्रंथों को पवित्र शिलालेखों की चित्र लिपि का नाम दिया गया। इन चित्रों को ध्वनि में परिवर्तित करके प्रतिदिन के जीवन तथा धार्मिक कार्यों में प्रयोग किया जाने लगा। प्रतिलिपि में 600 से अधिक भाव चित्र और ध्वनि संकेत हैं। ये लेख पपीरस के पौधों की सूखी छाल से बने पत्रों पर लिखा गया। प्राचीन फराहों की कब्रों को बहुत से प्राचीन ग्रंथों के भाग के नक्शों आदि से सजाया जाता था। यद्यपि कब्रों के साथ धर्मग्रंथ मिले हैं लेकिन ऐसा बहुत कम हुआ है कि सम्पूर्ण मूल पाठ एक

ही कब्र के साथ मिला हो क्योंकि कुछ कब्रों से तो पवित्र ग्रंथों के केवल परिच्छेद ही लिए गए हैं। कुछ प्रमुख ग्रंथ जिन्हें जादुई माना जाता था तथा धार्मिक कर्म कांडों की विधि का वर्णन इस प्रकार है :-

रहस्यमय कक्ष की पुस्तक : (Book of the Secret Chamber-Amduat)

यह मृत्यु के समय किया जाने वाला प्राचीनतम पाठ है। इसमें बारह भागों की सूर्य की यात्रा का वर्णन है जो पश्चिमी आकाश से शुरू होकर पुनः पूर्व में उदित होता है। जिससे दिन तथा रात होते हैं। मिश्री लोगों ने अपने दिन तथा रात को 12 समान भागों में बांट रखा था। यात्रा इस बात का भी प्रतीक होती थी कि मृतक फराहों मृत्यु के उपरान्त वाली जिन्दगी बसर करने के लिए अपनी सौर यान में सवार होता है।

द्वारों की पुस्तक : (Book of Gates)

यह पुस्तक भी पहली वाली पुस्तक के समान ही है। इसका भिन्न पहलू यह है कि इसमें यात्रा के बारह नाके हैं। इन नाकों को परीक्षा का द्वार भी कहा जा सकता है। यह द्वारा मानव जीवन के विभिन्न पक्षों जैसे कि न्याय इत्यादि की परीक्षा करता है। इस विषय में सबसे दिलचस्प बात यह है कि नाचता हुआ सिरविहीन सांप समय का प्रतिनिधित्व करता है। ऐसा माना जाता है कि यह पाठ निर्माण की गहराईयों से शुरू होकर कभी-कभी उन्हीं में गिर जाता है।

मृत्यु द्वार की पुस्तक : (Book of Coming Forth by Day-Book of the Dead)

यह मृत्यु के समय किया जाने वाला सबसे महत्वपूर्ण पाठ है जिसे प्राचीन मिश्र के लोग किया करते थे। यहां तक कि साधारण जनता भी दफनाते समय इस पवित्र पुस्तक के परिच्छेदों का उपयोग करती थी। इस में बहुत सारें जादुई मंत्रों का संग्रह है।

लिखित सामग्री की प्रचुरता का अभाव क्यों है :

प्राचीन मिश्र में शिक्षा मुफ्त तथा दूर-दूर तक फैली हुई नहीं थी यह केवल धनी पुरुषों तक सीमित थी तथा मुख्यतया शिक्षा के प्रमुख केन्द्र पूजा स्थल ही थे। यह सुन्दर तथा सृजनात्मक भाषा ई.पू. चौथी शताब्दी आने तक विश्व से विलुप्त हो गयी। प्राचीन मिश्र की यह भाषा विश्व के लिए ऐसी पहेली बन गयी जिसे सुलझाने में 1500 वर्ष लगे। अभी भी बहुत सी चित्र लिपियां हैं जिन्हें पढ़ना बाकी है। यद्यपि सैकड़ों की संख्या में काष्ठ तथा हाथी-दांत के नाम पत्र पाये गये हैं जिनसे व्यक्तिगत चिन्हों के बारे में थोड़ा बहुत पता चलता है।

इस प्राचीन लिपि को खोजने में नेपोलियन का मिश्र अभियान काफी सहायक सिद्ध हुआ। उसका यह दृढ़ विश्वास था कि प्राचीनकाल में मिश्री सभ्यता बहुत महान थी। नेपोलियन का यह विश्वास उस समय सत्य सिद्ध हुआ जब उसके सिपाहियों ने रोस्तें शहर में एक काली चट्टान को खोज निकाला। इसको रोस्ते चट्टान का नाम दिया गया। इस चट्टान के जिस भाग पर लिपि. अंकित थी उसका नाप था 3'9" × 2'4½" ×11'। इस चट्टान पर सैंकड़ों अपूर्ण पंक्तियां अंकित थी जिनमें 14 पंक्ति मिश्र चित्रलिपि की, 32 पंक्तियां मिश्री लोकोक्तियों की तथा 54 पंक्तियां प्राचीन ग्रीक से थी। यद्यपि बाद में यह पत्थर पेरिस ले जाया गया परन्तु इसकी 1826 में फ्रेकोंस केमपोलियन (1790-1832)के द्वारा ही हुई थी।

इसके बाद बहुत से संगठनों तथा व्यक्तियों द्वारा इस प्राचीन संस्कृति को खोजने तथा समझने का प्रयास किया जा रहा है। फिर भी अभी भी बहुत से प्रश्न बाकी हैं जिनका उत्तर मिलना शेष है। जैसेकि

- पिरामिडों का निर्माण किन्होंने किया?
- मानव जाति से थे अथवा किसी दूसरे ग्रह के व्यक्ति थे जिन्होंने इतनी शानदार आकृति का निर्माण किया?
- पिरामिडों का निर्माण किस लिए किया गया?
- यदि पिरामिड केवल कब्र मात्र थे तो उन्हें बनाने में इतना परिश्रम क्यों किया गया?
- स्फिन्क्स का उद्देश्य क्या है?
- मिश्री सभ्यता कितनी पुरानी है?

मुझे विश्वास है कि एक दिन इन प्रश्नों का उत्तर जरूर मिल जायेगा लेकिन अभी उसकी प्रतीक्षा करनी होगी। इस विषय में सबसे प्रमुख बात यह है कि पिरामिडों में शक्ति है यह बात निश्चित रूप से सिद्ध हो चुकी है।

दुनिया भर के बहुत से शोधकर्ता तथा चिकित्सक विभिन्न तरीकों से इस बात को सिद्ध करने में लगे हैं कि पिरामिड में (चाहे वह किसी भी पदार्थ प्लास्टिक, लकड़ी, धातु, क्रिस्टल, कागज से क्यों न बना हो) शक्ति का स्रोत है।

पिरामिडों का प्रयोग निम्न कार्यों में ज्यादातर किया जा रहा है :-

- शेविंग ब्लेड की धार तेज करने के लिए।
- गहनों व सिक्कों की चमक-दमक कायम रखने के लिए।
- जल को स्वच्छ व पवित्र करने के लिए।
- खाद्य-पदार्थों, फूलों और मांस के निर्जलीकरण हेतु।

- प्रशीतिकरण के बगैर दूध को ताजा रखने के लिए।
- पौधों के विकास की गति को तीव्र करने हेतु।
- पिरामिड में भोजन रखने पर उसकी सुगंध व स्वाद बढ़ जाता है।
- अगर कोई व्यक्ति पिरामिड में बैठ कर ध्यान लगाता है तो वह बड़ी ही जल्दी परिमंडल की स्थिति को प्राप्त कर लेता है।
- उस की मांसपेशियां और तनावग्रस्त नाड़ियां शिथिल हो जाती हैं।
- पिरामिड के संपर्क में रहने पर घाव जल्दी भर जाते हैं और पीड़ा दूर होती है।

केवल ये ही नहीं बल्कि और भी बहुत सी ऐसी बातें हैं जिन्हें पिरामिड की सहायता से प्राप्त किया जा सकता है। प्रस्तुत पुस्तक का उद्देश्य स्त्री-पुरुषों को पिरामिड के उपयोग द्वारा आध्यात्मिक व तांत्रिक शक्तियां प्राप्त करने की गहरी व सूक्ष्म विधियां बताना है।

आइए यादों के गलियारे में टहलते हुए
स्वयं के एकत्व को महसूस करें,
मैं न तो संतप्त था और न ही प्रसन्न
और न ही मुझ में क्रोध की लहर बह रही थी।
मैं न तो सच्चा था और न ही झूठा,
न ही मैं ब्रह्माण्डिय ऊर्जा का परिणाम था
और न ही शाश्वत-शक्ति से परे था
मैंने तो स्वयं को पा लिया था,
स्वयं की आत्मा को पहचान गया था।

उपरोक्त कविता हृदय की धारा है तथ मेरे प्रयासों से वे स्त्री-पुरुष लाभ उठा सकते हैं जिनमें आंतरिक संचेतना प्रवाहित हो रही है।

पहला कदम

विश्व के सभी महान् दार्शनिकों ने हमेशा यह कहा है कि जैसे ही कोई व्यक्ति अध्यात्मिक पथ को समझ जाता है उसी क्षण वह ज्ञान की सर्वोच्च सत्ता को प्राप्त कर लेता है। वैसे तो बहुत से दार्शनिक आए और चले गए किंतु शायद ही कभी किसी ने आंतरिक संचेतना को प्राप्त करने का तरीका बताया था। इसी प्रकार उन्होंने अध्यात्मिकता की दुरुह गहराइयों का वर्णन भी नहीं किया है जिसके बल पर एक आम इंसान भी अलौकिक आनंद को अनुभव कर सके। ऐसे महान् व्यक्तियों का ज्यादातर ज्ञान लुप्त हो गया क्योंकि वह केवल कुछ व्यक्तियों या उनके समर्थकों तक सीमित था और ऐसे व्यक्तियों ने कभी भी पारलौकिक प्रक्रिया में भाग नहीं लिया।

कुरूक्षेत्र की रण-भूमि में भगवान श्रीकृष्ण ने महान् योद्धा अर्जुन को निम्न उपदेश दिया था —

ब्रह्मा अर्पणम्, ब्रह्मा हवि
ब्रह्मा अग्नयौ, ब्रह्ममण् आहूतम।
ब्रह्मभैव तेना गंतव्यम्
ब्रह्म कर्म समाधीना।।

(अर्थात् ब्राह्मण यज्ञ है, यह वही है जो मारा जाता है, वह यज्ञ का करधुल होता है तथा वही यज्ञ का माध्यम भी होता है। ब्राह्मण यज्ञ की वेदी

की अग्नि होता है जो बलिदान को हजम करता है। वह ब्रह्मचर्य का पालन करने वाला तथा कर्म की पवित्र अग्नि पर जीवित रहने वाला व्यक्ति होता है।)

भगवान श्रीकृष्ण का यह कथन किसी जाति विशेष से संबंधित न हो कर प्रत्यक्ष रूप से अध्यात्मिक पथ से जुड़ा है। यह तो आत्म बलिदान का मार्ग तथा अलौकिकता के प्रति प्यार है जो संभावित कठोरतम अनुभव वाला भौतिक जीवन बना सकता है। साथ ही यह व्यक्ति को काल व स्थान के बंधन से मुक्ति भी दिलाता है।

अपने भौतिक शरीर के प्रति लगाव से बंधन उत्पन्न होता है। हमारा यह भौतिक शरीर निम्न तत्वों का सम्मिलित रूप होता है।

पंच मूल तत्व (पृथ्वी, जल, अग्नि, वायु व आकाश) मिश्र में आकाश तत्व नहीं माना जाता।

पांच प्रकार की ची (श्वसन प्रक्रिया के द्वारा प्राप्त होने वाली **ऊर्जा** जो पांच इंद्रियों पर कार्य करती है, अंत:श्वसन, वाणी व बर्हिश्वसन के द्वारा ऊर्जा के समुचित बर्हिप्रवाह पर कार्यरत **ऊर्जा**, शरीर के मध्य भाग पर कार्यरत **ऊर्जा**, शरीर के अधोभाग से मध्य भाग की ओर प्रवाहित होने वाली ऊर्जा, रसों की नियंत्रित गति को नियंत्रित करने वाली ऊर्जा)।

मस्तिष्क (हृदय, मेधा वह अंह)

पांच मूल क्रियाएं (श्रवण, स्पर्श, स्वाद, दृष्टि एवं प्राण)

ये सभी मिल कर समूचे शरीर की रचना करते हैं तथा ब्रह्माडिंय मेधा-शक्ति आत्मा के निवास के लिए स्थान उपलब्ध कराती है।

शिशु जिस क्षण जन्म लेता है उस पल वह प्रकाश की भांति पवित्र और ब्रह्माडिंय ऊर्जा की भांति पवित्र होता है। इस अवस्था में वह सच्चा ब्राह्मण होता है किंतु समय के साथ-साथ होने वाले कर्मकांड इस पवित्रता

को दो भागों में विभक्त करते रहते हैं। एक उसका पवित्र रूप होता तो दूसरा भ्रष्ट रूप।

यह पवित्र रूप ध्यान के माध्यम से मिलता है तथा ध्यान व्यक्ति की अपनी आंतरिक आध्यात्मिक शक्ति के ब्रह्माडिंय आध्यात्मिक शक्ति के साथ चेतन व एच्छिक मिलन का रूप होता है। इसके विपरीत इस सारी प्रक्रिया में (आंतरिक संचेतना के अधिसंचेतना के साथ के पवित्र संबंध) अहं के उत्पन्न हो जाने पर भ्रष्ट रूप उभरता है।

यह दिव्यता कभी न कभी आती जरूरत है पर साथ ही अपने साथ अपवित्रता के बीज भी लाती है। ऐसा बिरला ही होता है कि जब कोई व्यक्ति पवित्रता के मार्ग पर चलता हुआ भ्रष्ट रास्ते का त्याग कर पाता है। जिन व्यक्तियों में ऐसी क्षमता थी उन्हें देवी-देवता के रूप में पूजा गया और जो अपवित्रता की इस पहेली में उलझ गए थे उन्हें भूला दिया गया। यह समस्या चाहे देखने में व्यक्तिगत लगती हो किंतु जब समूचा समाज इसी रूप में काम करता है तो तब वह खतरनाक बन जाता है।

मिश्री सभ्यता के उत्थान व पतन की गुमनामी में खो जाने का भी यही कारण था। धार्मिक विश्वास के अनुसार उनके अनेक देवता थे तथा उनके धार्मिक कर्मकांड लम्बे व कठिन।

आगे चल कर आपको मिश्र के धार्मिक पहलू व उनके सामाजिक जीवन के बारे में विस्तृत जानकारी दी जाएगी।

किसी भी संस्कृति-सभ्यता को समझने के लिए उस देश विशेष के इतिहास को जानना महत्वपूर्ण होता है।

मिश्र का इतिहास अपने में हजारों वर्ष समेटे हुए है किंतु चूंकि इस पुस्तक का उद्देश्य इतिहास की पेचीदि्गयों में जाना नहीं है इस कारण केवल कुछ महत्वपूर्ण वंश व राजाओं के बारे में बताया जा रहा है —

मिस्र के राजवंश व राजाओं की सूची (आंशिक)

राजवंश–I : 3050–2857

मेनेज (आहा) — द्जेर
वादजी — डेन (उडिमु)
अंडजीब (एनडीजीब) — सेमेरखेट
क्आ'अ

राजवंश–II : 2857–2705

हेटेपसेखेम्बी — रेनेब
निनेत्जेर — पेरिब्सेन
खासेखेम्बी

राजवंश–III : 2705–2630

नेखत्जा (जा) (नेब्का–I) — नेत्जेरीखेट (द्जोसेर)
सेखेम्खेट (द्जेसेरटेटी) — खाबा
काहेद्जेट (हुनी)

राजवंश–IV : 2630–2524

स्नेफ्रु — खुफु (चिओप्स)
राद्जेदेफ (द्जेडेफ्री) — खाफ्रे (चिफ्रेन)
नेब्का–II — मेन्कौरे (माइसेरिनस)
शेप्सेस्काफ

राजवंश–V : 2524–2400

उसेरकाफ	—	साहुरे
नेफेररिकारे I ककाई	—	सेप्सेस्कारे इनी
नेफेरफ्रे (रानेफेरेफ)	—	नायसेरे इनी
मेन्कौहोर इकौहोर	—	द्जेदकारे इजेजी
वेनिस (उनिस)		

राजवंश–VI : 2400–2250

टेटी	—	पेपी–I
उसेरकारे	—	मेरनेरे I नेम्टीम्जाफ
पेपी–II (नेफेरकारे)	—	मेरनेरे II नेम्टीम्जाफ
महारानी निटोक्रिस		

राजवंश–VII, VIII, IX, X

इस काल के बारे में स्पष्ट नहीं है तथा दस्तावेजों के बारे में भी मतभेद है।

राजवंश–XI : 2134–1991

यद्यपि राजाओं के नामों का पता चल गया है किंतु उनका शासनकाल अस्पष्ट है। इस अवधि का ज्यादातर समय (लगभग 100 वर्ष) गृह–युद्धों में व्यतीत हुआ था तथा आर्थिक विकास के क्षेत्र में बहुत कम समय लगाया गया।

इन्योटेफ–I (सेहेरट्वी)
इन्योटेफ–II (वाहान्ख)
इन्योटेफ–III (नखत्नेबटेपनेफेर)

राजवंश–XII : 1991–1784

एमेनेम्हाट-I	—	सेनवोस्रेट-I
एमेनेम्हाट-II	—	सेनवोस्रेट-II
सेनवोस्रेट-III	—	एमेनेम्हाट-III
एमेनेम्हाट-IV	—	महारानी सेबेक्नेफ्रु

राजवंश–XIII : 1784–1668

ऐतिहासिक दस्तावेजों के अनुसार आक्रमणकारियों द्वारा जीत लिए जाने से पूर्व लगभग 100 वर्षों तक मिश्र पर लगभग 65 राजाओं ने शासन किया था।

नेफेरहोटेप-I	—	सिहाथोर (नेफेरहोटेप-I का पुत्र)
सेबेखोटेप- (नेफेरहोटेप का भाई)	—	सेबेखोटेप-
इब	—	एई
सेबेखोटेप-VI	—	नेफेरहोटेप-II
सेबेखोटेप-VII	—	सेनवोस्रेट-Iप्ट
मेरानखेक मेंटुहोटेप-V	—	डेधेटेप्रे
सेवाहेव्रे सेनेवमियु	—	नेफेरहोटेप-III
सेबेखोटेप-VIII	—	मेरसेपेस्रे आइनी

राजवंश–XIV : 1720–1665

यह अवधि दुर्व्यवस्था का समय था क्योंकि 75 से अधिक राजाओं ने इस दौरान मिश्र पर शासन किया था।

राजवंश–XV : 1668–1560

सेलीटिज	—	बनॉन
अपाकवनास (खैन)	—	एपोफिस (एयुसेरे एपेपी)
खामुडी		

राजवंश-XVI : 1665-1565

सेकेट	—	वाजेद
कार	—	निराका
नुबुसेरे	—	खौसेरे

राजवंश-XVII : 1668-1570

नुबरवेपेरे इन्योटेफ-V	—	रहोटेप
सेनेकेमसाफ-I	—	जेहुटी
मेंटुहोटेप-VI	—	नेलिरीरौ-I
नेफेरकर नेलिरीरौ-II		

राजवंश-XVIII : 1570-1293

एमोस	—	एमेनहोटेप-I
थुटमोस-I	—	थुटमोस-II
महारानी हेशेपसुट	—	थुटमोस-III
एमेनेहोटेप-II	—	थुटमोस-IV
एमेनेहोटेप-III	—	एमेनहोटेप-IV
स्मेन्खकरे	—	टुटान्खामुन
एय	—	होरेमहेव

राजवंश-XIX : 1293-1185

रेमेसीज-I	—	सेटी-I
ऐमेसीज-II	—	मेरनेपटाह
एमेनेमीज	—	सेटी-II
सिपटाह	—	महारानी तावोस्रेट

राजवंश-XX : 1185-1070

सेटाख्त	—	रेमेसीज-III

रेमेसीज-IV	—	रेमेसीज-V
रेमेसीज-VI	—	रेमेसीज-VII
रेमेसीज-VIII	—	रेमेसीज-IX
रेमेसीज-X	—	रेमेसीज-XI

राजवंश-XXI : 1070-946

स्मेडेज	—	एमेनेनीसु
सुसेननेस-I	—	एमेवोपे
ओसोकोर	—	साइमन
सुसेननेस-II		

राजवंश-XXII : 946-712

शोशेनक-I	—	ओसोरकॉन-I
टेकेलोट	—	शोशेनक-II
ओसोरकॉन-II	—	टेकेलाट-II
शोशेनक-III	—	पामी
शोशेनक-IV	—	ओसेरकॉन-IV

राजवंश-XXIII : 828-765

पेडुवेस्ट-I	—	ओसोरकॉन-IV
एमेनरूड	—	युपुट-I

राजवंश-XXIV : 760-685

बोकोरिस	—	ओसोरकॉन
टेरब्नाटे-I	—	टेरब्नाटे-II

राजवंश-XXV :

शेबाका	—	शेबित्कु
टहारका	—	तानवेटामानी

राजवंश-XXVI : 685-525

टेब्नाटे-II	—	नेको-I
सेमेटीकस-I	—	सेमेटीकस-II
एप्रिज	—	एमेसिज
सेमेटीकस-III		

राजवंश-XXVII (फारसी शासन) : 525-332

केम्बीसीज-II	—	डेरीअस-I
जेरक्सीज-I	—	एट्राजेरक्सीज-I
डेरीअस-III	—	एट्राजेरक्सीज-II

राजवंश-XXVIII (फारसियों का निष्कासन) : 405-399

एमीरटायोस-II (एस. पौसीरिस)

राजवंश-XXIX (फारसी शासन) : 399-380

नेफेरिटिज-I	—	एकोरिस
सेमुथिज	—	नेफेरिटिज-II

राजवंश-XXX : 380-343

नेक्टानेबो-I

टेओस (एस. नेक्टानेबो-I)

नेक्टानेबो-II

राजवंश-XXXI (फारसी शासन) : 343-332

एट्राजेरक्सीज-III ओकस

एर्सीज

डेरीयस-III कोडोमेनस

मकदूनिया राजवंश : 332–304

सिकंदर महान (III)

फिलिप एरीडेअस

सिकंदर–IV

टोलेमी काल : 304–30

टोलेमी–I सोटेर–I	–	टोलेमी–II फिलाडेलफस
टोलेमी–III यूरेजेटर–I	–	टोलेमी–IV फिलोपेटोर
टोलेमी–V इपिफेनेज	–	टोलेमी–VI फिलोमेटोर
टोलेमी–VII निओस फिलोपेटोर	–	टोलेमी–VIII यूरेजेटेस–II
क्लिओपेट्रा–III व टोलेमी–IX सोटेर–II	–	क्लिओपेट्रा–III व टोलेमी–X सिकंदर–I
क्लिओपेट्रा बेरनीस	–	टोलेमी–XI, सिकंदर–II
टोलेमी–XII निओस डायोनीसोज	–	बेरेनिज–IV
क्लिओपेट्रा–VII टोलेमी–XV सीसेरिऑन		

रोमन काल : 30 ई.पू.–395

रोमन शासकों ने फराह की पारंपरिक भूमिका ग्रहण की।

प्राचीन मिश्र–देवता

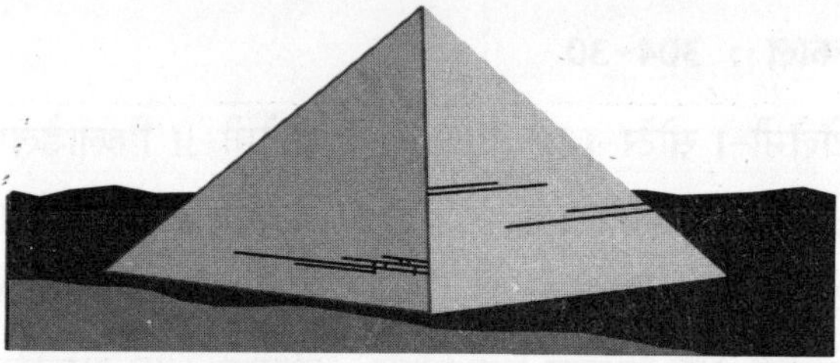

एहट – एक गाय देवी

एहेमैट – मिश्र की पाताल लोक की देवी जिसका शरीर शेर, दरियाई घोड़े और मगरमच्छ के शरीर के हिस्सों से बना है तथा वह अयोग्य मृतकों की आत्मा का भक्षण करती है।

एहटी – एक द्वेषपूर्ण देवी जिसका मस्तक बर्रे का होता है और शरीर दरियाई घोड़े का।

एकेर – दोहरे शेरों वाला देवता जिसे सूर्योदय व सूर्यास्त का संरक्षक माना जाता है।

एखेट – ऋतुओं व सूर्यास्त की देवी।

एकुसा – डूबते सूर्य की देवी, ऑटम की पत्नी।

एमौनेट – एमॉन का आधा स्त्री–रूप। माना जाता है कि वह आठ आदिम देवताओं में से एक है। एमॉन और मूट के साथ उसे पूजा जाता था।

एमेमेट – पाताल लोक की देवी जो पृथ्वी से परे के द्वारों पर निगाह रखती है और मृतकों का रोटी व जल से स्वागत करती है।

एमिट – पाताल लोक की अग्नि की देवी।

एम्मुट – भक्षक जो बड़े पापियों की आत्मा का भक्षण करती है। इसे न्याय की देवी भी माना जाता है। जिस क्षण यह आत्मा का भक्षण करती है उसी क्षण से व्यक्ति की शांति नष्ट हो जाती है। आंशिक रूप से सिंह, दरियाई घोड़े और मगरमच्छ के शरीरों से बनी यह पाताल लोक की देवी है।

एम्न – पाताल लोक की एक अन्य देवी।

एमोन – इसे आदिम काल का स्वयंभू देवता माना जाता है। तब इसे वायु, हवा व वर्षा के देवता के रूप में पूजा जाता है तथा बाद में उर्वरकता के देवता के रूप में पूजा जाने लगा था। इसको एमोन, एमेन, एमेन रॉ तथा एमोन रे के रूप में पूजा जाता था। इसे "देवताओं का राजा" माना जाता था।

उसमें ऐसी ताकत थी कि वह बिना किसी कठिनाई के कोई भी जीवित रूप धारण कर सकता था। एमॉन की शक्ति व सम्मान इतना बड़ा था कि ईसा पूर्व दूसरी स्हस्त्राब्दि में वह राष्ट्रीय देवता बन गया था।

एम्सेट – एम्सेट मृतकों का कम जाना जाने वाला देवता था तथा वह मृतकों की सभी निर्माण कार्य की देखरेख करता था। उसके नाम का अर्थ है — बढ़ई।

एनेट – इसे युद्ध व प्यार की देवी माना जाता था तथा अनेक स्थानों पर इसे गाय-देवी या पर्वत-देवी के रूप में पूजा जाता था।

एन्का – सृजनकर्ता देवी खनम की पत्नी।

एन्खरीथ – स्त्री के मस्तक वाली इस देवी को सर्प के रूप में दर्शाया जाता था।

एंटाआयोस –मूलतः यह बाज देवता था पर बाद में होरस में समाहित हो गया।

एन्थट – मिश्रवासियों द्वारा अपनाई गई सीरिया की युद्ध की देवी। उसे भाले, ढाल व फरसे व दक्षिण के ताज को पहने दर्शाया जाता था।

एनुबिस – भेड़िए के मस्तक वाला देवता जो नेफथीस व ओसीटिस का पुत्र था। वह मृतकों का मार्गदर्शक और कब्रिस्तान का रक्षक था। उसमें किसी भी व्यक्ति की नियति व मृत्यु देखने की शक्ति थी। इस देवता का औषधियों, विष, जड़ी-बूटियों तथा ममीकरण की प्रक्रिया के अनुष्ठानों पर नियंत्रण था।

उसमें किसी भी व्यक्ति की भक्षक देवता (एम्मुट) से रक्षा करने की शक्ति थी।

एपेप – यह अंधकार की देवी थी तथा वह स्वर्ग में यात्रा करते रॉ की सौर्य ऊर्जा को निगलने का कार्य किया करती थी। रॉ हमेशा बच जाया करता था जिससे एपेप क्रोधित होकर आंधी व ग्रहण उत्पन्न करती थी।

एपिस – यह ओसीरिस व ताह से संबंधित सांड देवता था। इसे प्रायः सांड के रूप में देखा जाता था जिसके सींगों के मध्य सौर्य तश्तरी रहती थी।

एशटोरेथ – चंद्र-देवी एवं युद्ध की देवी। इसे सिंह के मस्तक के साथ दर्शाया जाता था।

एटेन (एटॉन) – फराह एखेनेटोन ने एकेश्वरवादी धर्म की स्थापना के प्रयास में इसे एकमात्र देवता घोषित किया था।

एटुम – चार प्रमुख सृजक देवताओं में से एक (अन्य एमोन, खमन

व टाह) देवता जिसकी पहले सर्प के रूप में पूजा की जाती थी और बाद में मानवीय रूप में। यह पौरुष व स्त्री ऊर्जाओं का प्रतिनिधि था।

इसने अपने वीर्य को अपने मुंह में ले, फिर उसे थूक कर सर्वप्रथम स्त्री-पुरुष का विभाजन किया था। इस प्रकार प्रथम अलौकिक युगल-शु और टेफनेट का अवतरण हुआ था।

बास्ट या बास्टेट - प्राचीन काल में इसे सिंह-देवी के रूप में पूजा जाता था किंतु बाद में इसे बिल्ली देवी के रूप में पूजा जाने लगा तथा वह प्यार, संभोग, आनंद और उर्वरकता की प्रतिनिधि थी। उसका शरीर मानव का तथा मस्तक बिल्ली का था। वह रॉ (सूर्य देवता) के नेत्रों से भी जुड़ी थी तथा प्रतिशोध की देवी मानी जाती थी। इसके पूजा स्थलों के नजदीक ममी बनाई गई बिल्लियां दफनाई जाती थी।

बैट - माता देवी, जो बाद में हेथोर में लीन हो गई।

बेस (बिसु) - गर्भवती स्त्रियों का उद्धारक देवता। मिश्र का यह बौना देवता बुरी आत्माओं, सर्पों व दुर्भाग्य से रक्षा करता है।

यह मानवीय आनंद, संगीत तथा नृत्य का देवता है जिसका शरीर अत्यंत भद्दा है और अपने नग्न रूप में लिंग को प्रमुखता से दर्शाता है। इसका मस्तक बड़ा, नाक उभरी हुई, टांगे कमान जैसी मुड़ी होती हैं। इसके कान, धड़ व पूंछ सिंह या बिल्ली की होती है।

यद्यपि यह कुरूप व घृणित दिखाई पड़ता है किंतु उसे दृष्टि से बुरी आत्माएं भय खाती हैं। इसे बच्चों व गर्भवती स्त्रियों का रक्षक माना जाता था तथा प्रसव के समय दरियाई घोड़ा देवी टेवेरेट का सहायता करता था।

बुबास्टिस - शिशु जन्म की देवी।

बुटो - निचले मिश्र की सर्प-देवी तथा सूर्य व चंद्र की माता। वह फराहों के दुश्मनों पर विष उगलती थी तथा अपनी हिंसक दृष्टि से उन्हें जला डालती थी।

चेनसीट - निचले मिश्र की सर्प-देवी।

चोनसो - ऐमुन-रा व पत्नी एथोट का पुत्र।

इपेट - बच्चों की रक्षक देवी। इसे ऐसे दरियाई घोड़े के रूप में दर्शाया जाता था जिसका वक्षस्थल मानवीय था तो पैर सिंह के। वह प्राय: अपनी पीठ पर मगर ढोती थी।

हरमुटु - शिशु जन्म की देवी।

इरनुरेट - कोबरा के मस्तक वाली देवी, मस्तक पर वस्त्र धारण किए। सींगों के मध्य सौर्य तश्तरी रहती है।

जेब - पृथ्वी का देवता।

हैगर - निचले मिश्र की चंद्र-देवी।

हैक - पुनर्जीवन की देवी।

देपी - देवताओं के पिता।

हैरपोक्रेट्स - खामोशी की देवी।

हेथोर - इसने स्त्रियों की रक्षा की, गर्भधारण व प्रसव में सहायता की। मृत आत्माओं को भोजन उपलब्ध कराया। ज्यादातर गाय के रूप में दर्शायी गई।

हेडेटेर - वृश्चिक देवी।

हेह एवं हेटेट - अनंतता के मूल देवता। ओगडोऊड के नाम से पहचाने जाने वाले आठ देवताओं में से।

हेकेट – शिशु जन्म की मेढ़क के मस्तक वाली देवी जिसने रूपों/वस्तुओं को जीवन दिया।

हेपी – वनमानुष के चेहरे वाला मृतकों का देवता।

हेरशास – दोपहर के रेगिस्तान की देवी।

हेरिट – उत्तर की देवी।

हेरटेप्ट – पाताल लोक की सर्प के मस्तक वाली देवी। यह ममी बने ओसीरिस की देखभाल करती है।

हेट – अग्नि पर शासन करने वाली सर्प देवी।

होरस – बाज के मस्तक वाला यह देवता देवी आइसिस व देवता ओसीरिस के यहां जन्मा था। सेथ ने उसके भाई व मिश्र के प्रथम राजा ओसीरिस की हत्या कर शासन छीना था। तब आइसिस ने ओसीरिस का शरीर पुनः प्राप्त कर उसके ऊपर बाज के रूप में मंडराने लगी ताकि मृतक को जीवित करने के लिए पर्याप्त जीवन शक्ति मिल सके व वह होरस को गर्भ में धारण कर सके। चूंकि उसे ज्ञात था कि सेथ उसके पुत्र होरस को हानि पहुंचा सकता है इस कारण वह नील नदी के डेल्टा से भाग गई तथा बुटो के समीप चेम्पिस में होरस को जन्म दिया।

देवी हेथोर तथा सेलकट व अन्य पवित्र आत्माओं ने होरस के लालन-पालन में तब तक आइसिस की सहायता की जब तक कि वह इतना बड़ा नहीं हो गया कि सेथ से अपना राज्य छीन सके। सूर्य देवता ने होरस व सेथ को बुला कर इनीड के सम्मुख अपना दावा रखने के लिए कहा ताकि अंतिम निर्णय हो सके। सेथ के पास एकमात्र तर्क यही था कि वह सूर्य की

रात्रि के समय पाताल लोक की यात्रा के दौरान उसकी रक्षा करने में पर्याप्त शक्तिशाली है। लगभग सभी देवी-देवता उससे सहमत थे किंतु आइसिस ने उन्हें अपनी बात मानने को राजी कर लिया। तब क्रोधित सेथ ने न्यायालय को एक ऐसे टापू पर स्थानांतरित कर दिया जहां आइसिस प्रवेश नहीं कर सकता था।

तब आइसिस ने देवताओं के नाविक नेमटी को घूस देकर स्वयं को उस टापू पर ले जाने के लिए कहा। टापू पर उसने चालबाजी से सेथ को यह बात मानने पर मजबूर कर दिया कि किसी बेटे के लिए अपनी विरासत चुराना गलत काम होता है। चालबाजी को समझ जाने पर सेथ ने उसके बारे में शिकायत की तथा देवताओं ने नेमटी के पैरों की उंगलियां काट उसे सजा दी।

किंतु जब ओसीरिस ने एक पत्र द्वारा यह धमकी दी कि यदि होरस को मिश्र का राजा नहीं बनाया गया तो वह राक्षसों को देव-लोक में भेज देगा। इस धमकी के फलस्वरूप होरस को उसका वास्तविक हक मिल गया। होरस को नभ का देवता माना जाता था जिसका बायां नेत्र चंद्रमा था तो दायां सूर्य। उसकी आंख को मिश्री कला में प्रमुखता से दर्शाया जाता था।

उसे *रे-हेराख्ती, हेर्सीसिस, हेरोइसिस, हेरेनडोट्स, खेंटी-इरटी, खेंटेखतय* (मगर-देवता) तथा *इर्माखिस* के रूप में पूजा जाता था।

इम्होटेप - ज्ञान, बुद्धिमत्ता, चिकित्सा तथा जादू का देवता।

आइसिस - मिश्र के आदि देवी-देवताओं में से एक देवी है। यह ओसीरिस की पत्नी, सेथ व नेफथीस की बहन थी और उसने देवताओं

के राजा (होरस) को जन्म दिया था। इस देवी का अपने पति के प्रति बेइतंहा प्यार ही उसका देवत्व था और इसी के बल पर अपने मृत पति को पुनर्जीवित कर होरस को गर्भ में धारण किया था। आइसिस का जन्म जेब व नट के यहां हुआ था तथा उसे दिवस की देवी माना जाता है जबकि उसकी बहन नेफथीस को रात्रि की देवी।

खेम – उर्वरकता का देवता।

खेप्री – इस देवता की कल्पना आकाश में सूर्य को लुढ़काने वाले भृंग के रूप में की जाती थी। खेप्री भी आकाश में सूर्य उसी प्रकार धकेलता है जिस प्रकार भृंग उपले को धकेलता है। भृंग का यह प्रतीक पुनर्जन्म, पुनरोत्पादन एवं परिवर्तन का प्रतीक माना जाता है।

खतुभ – यह मिश्र के रचयिता चार आदि देवों में से एक है। इसे कुम्हार के रूप में दर्शाया जाता है जो मिट्टी से चाक पर देवी-देवताओं, मानव और पशुओं को बना कर उनमें प्राण फूंकता है। इसका मस्तक प्राय: भेड़ का होता है तथा यह नील नदी के बढ़ते जल स्तर का नियंत्रण करता है।

क्नेफ – पशुओं व आध्यात्मिक जीवन के इस देवता का मस्तक और सींग भेड़ के होते हैं।

माट – सूर्य देव और थोथ की यह लड़की सत्य व न्याय की देवी मानी जाती है। इसे प्राय: खड़ी या बैठी हुई मुद्रा में दर्शाया जाता है तथा मस्तक पर शुतुमुर्ग का पंख लगा रहा है।

माना जाता है कि जिस क्षण जो व्यक्ति मरता था तो तुरंत उसका हृदय माट के पंख के साथ तौला जाता था। अगर

व्यक्ति पापी हुआ तो उसका हृदय पंख के वजन से ज्यादा भारी होता था और फलस्वरूप राक्षस उस व्यक्ति को खा जाता था। पर हृदय के पवित्र व निर्मल रहने पर वह पंख से भी हल्का होता था और वह व्यक्ति स्वर्गलोक चला जाता था।

मेहटर्ट – नभ-देवी।

मेंथु – युद्ध-देवता।

मेरेसजर – पर्वत-चोटी की एक सर्प-देवी जिसमें जहां रोगों को दूर करने की शक्ति थी वहीं पापियों को रोगी बनाने की ताकत भी।

मेशकेंट – शिशु-जन्म की एक देवी।

मेशखेनेट – भाग्य-देवी।

मिन – उर्वरकता, पुंस्त्व, वर्षा, गर्जना का देवता। स्वर्ग का प्रमुख भी।

नेफेरटम – कमल के फूलों का देवता।

नेइथ – अर्थात् स्वर्ग। इसे आकाश, हस्तशिल्प तथा बुद्धिमत्ता की देवी माना जाता है।

नट – आकाश की देवी।

ओसीरिस (सेरपिस) – जेब व नट की इस प्रथम संतान को पाताल लोक में मृतकों का जज माना जाता है। उसके ईर्ष्यालु भाई सेथ ने उसकी हत्या कर दी थी।

पश्ट – बिल्ली के मस्तक वाली इस देवी को भाग्य की देवी माना जाता है।

ठाह – हस्तशिल्प एवं बुद्धिमत्ता का देवता।

टाह – यह अग्नि का देवता व सृजक था। इसकी आकृति पट्टियों में लिपटी रहती है जबकि सिर पुजारियों की भांति मुंडा रहता है।

कुटेह - सौंदर्य व प्यार की देवी।

महारानी आइमेस नेफेरटरी - इस देवी की पूजा मानव जाति की रक्षक के रूप में की जाती थी जो इंसानों को सजा भी देती थी।

रेन्नो - बागीचों का देवता।

रेनेनुटेट - बच्चों व स्तनपान कराने वाली स्त्रियों की देवी।

सेटी - मिश्र की तीरंदाज देवी जो नील नदी के झरनों का प्रतीक थी। इस को सेटिस व सेटेट के रूप में पूजा जाता था।

सेकेर - मृत्यु-देवता।

सेखमेट - सूर्य-देवी। इसकी पूजा सिंह-देवी के रूप में की जाती थी। इसका जन्म रॉ के नेत्र व क्रोध से हुआ था जो उसकी शक्ति निमर्मता में झलकता है। यह युद्ध व बीमारियों की मालिक थी।

सेलकेट - यह सुंदर किंतु निमर्म वृश्चिक देवी थी। यह दुष्टों पर वृश्चिक का दंश लगवाती है तो निर्दोषों को दंश से बचाती है।

सेशट - पुस्तकों व लेखन की देवी।

सेथ (सेट) - जेब व नट का पुत्र जो प्रमुखतः ओसीरिस के दुष्ट भाई के रूप में जाना जाता था। वह रेगिस्तान का देवता था।

शाई - भाग्य का देवता।

शु - रॉ का शिशु जो वायु का देवता माना जाता था तथा आकाश को थामे रखता है।

स्मोटेफ - मृतकों का अर्ध-देव जिसके नाम का अर्थ है — आकार देने वाला तथा इसका मस्तक भेड़िए का होता है।

स्नौफ - मृतकों का गौण देवता। इसके नाम का मतलब है — रक्त

बहाने वाला और इसका सिर चील के सिर जैसा होता है।

सोलेक – इस मगर देवता को उर्वरकता के देवता के रूप में पूजा जाता था। पर साथ ही अनेक स्थानों पर इसे आदि देवता तथा सृजक देवता के रूप में भी पूजा जाता था।

सोटेफ – मृतकों की पवित्रिकरण प्रक्रिया का जिम्मेदार यह अर्ध देवता था।

टौरेट – सिंह के मस्तक वाली यह दरियाई घोड़ा थी तथा इसके स्तनाग्र लम्बे थे। यह बच्चों की सभी प्रकार के खतरों से रक्षा करती थी।

टेफनेट – ऊषा काल, ओस व वर्षा की देवी। यह और शु, जेब व नट के माता-पिता थे।

थोथ – पवित्र पुस्तकों व बुद्धिमत्ता का देवता।

ऊआ – पाताल की देवी।

ऊमाडजेट – पाताल की सत्य व न्याय की देवी। इसे कोबरा या सर्प के रूप में दर्शाया जाता था तथा इसका चेहरा स्त्री का होता था। यह नेखेबेट की बहन थी और दोनों सम्मिलित रूप से नेबटी के रूप में प्रसिद्ध थी।

ऊआट – जल-देवी।

उम्मा सुबिआन – शिशुओं की मृत्यु का कारण थी।

उनेन इम हेटेप – मृतकों की देवी।

उर्ट हेकाऊ – सिंह देवी। देवता। यह होरस के नेत्रों की शक्ति थी।

आश्चर्यजनक प्राचीन मिश्रवासी

वैसे तो भग्नावशेष इतने अपर्याप्त व सीमित है कि उनसे प्राचीन मिश्रवासियों के ज्ञान की गहराई का पूर्णरूप से पता नहीं चल पाता फिर भीं अनेक ऐसे शिल्प व लेख हैं जिनकी सहायता से मिश्रवासियों की वैज्ञानिक व तकनीकी गहरी समझ का पता चलता है। साथ ही अनेक ऐसे तथ्य भी उपलब्ध हैं जिन्होंने इस भ्रम को दूर कर दिया है कि पाश्चात्य विद्वानों ने ही आधुनिक ज्ञान की खोज की थी।

गणित :

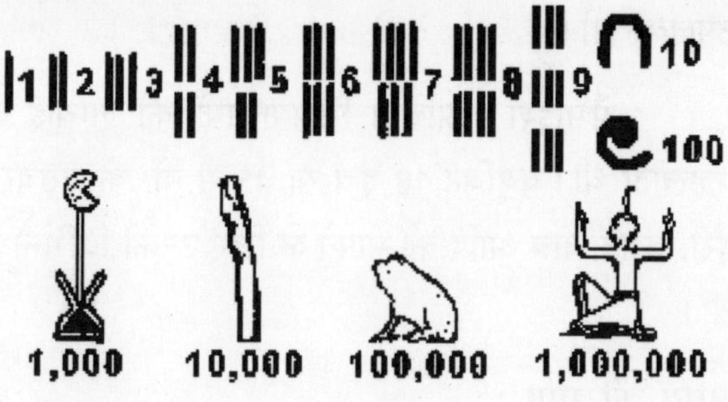

प्राचीन मिश्रवासी वैसे तो गणना की सामान्य पद्धति का उपयोग करते थे किंतु फिर भी वे इन मूल संख्याओं के आधार पर पैमानों के आकार-प्रकार की गणना कर सकते थे।

गणितिय गणना के लिए वे विभिन्न प्रतीकों का उपयोग करते थे। ऊपर दिए गए चित्र से स्पष्ट हो जाता है कि वे 1 से 9 लिखने के लिए स्पर्श (स्ट्रोक) का उपयोग करते थे।

10 के अंक को दर्शाने के लिए पशुओं की नाल का इस्तेमाल किया जाता था।

ऐंठनयुक्त रस्सी 100 की प्रतीक थी।

1,000 का प्रतीक कमल का फूल था।

ऊंगली 10,000 की संख्या दर्शाती थी।

1,00,000 की संख्या के लिए मेंढ़क का उपयोग किया जाता था जबकि ऊपर हाथ उठाया व्यक्ति 10,00,000 की संख्या का द्योतक होता था।

इसी प्रकार उनके लिखने का तरीका भी अनूठा था क्योंकि वे छोटी संख्या के सम्मुख बड़ी संख्या लिखते थे तथा जब संख्याओं की विभिन्न कतारें हो जाती थी तो तब वे ऊपर से नीचे की ओर लिखना शुरू करते थे।

पिरामिडों की पैमाइश ने भी वैज्ञानिकों को विस्मय में डाल दिया था क्योंकि वे एक अत्यंत विकसित गणितिय समीकरण की परिकल्पना पर कार्य कर रहे थे जो न तो उस वक्त खोजी जा सकी थी न ही उस समय उपलब्ध थी।

पैमाइश : प्राचीन मिश्रवासियों की लम्बाई की पैमाइश क्यूबिट कहलाती थी। क्यूबिट 18 इंच या 45 से.मी. के गराबर होती थी। साथ ही दूरी, वजन, क्षेत्र आदि को मापने के लिए उनकी विभिन्न पैमाइश की इकाईयां थी।

समय की माप :

1 वर्ष	=	360 + 5 दिन
12 मास	=	1 वर्ष
30 दिन	=	एक माह = 3 सप्ताह
10 दिन	=	एक सप्ताह
1 दिन	=	24 घंटे (12 घंटे दिन + 12 घंटे रात्रि)।

घंटे की अवधि मौसम के अनुसार भिन्न-भिन्न होती थी और सूर्य घड़ी के अनुसार परिवर्तन समायोजित किए जाते थे। तब चार-चार मास के तीन मौसम होते थे तथा मौसम भी नील नदी के चक्रानुसार होते थे।

नील नदी के चक्र

Indundation (अन्खेट)	- 21 जून	- 21 अक्तूबर
आर्विभाव (प्रोपेट)	- 21 अक्तूबर	- 21 फरवरी
ग्रीष्म (शोमु)	- 21 फरवरी	- 21 जून

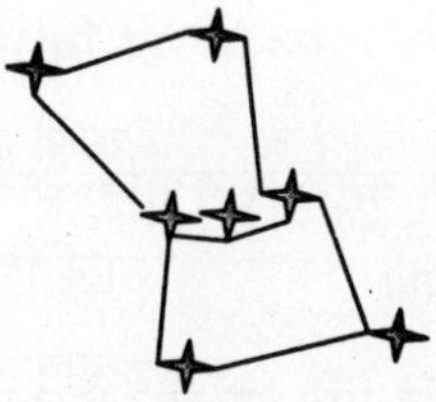

केनिस मेजर तारापुंज में सिरीयस नामक तारे के उदय के साथ वर्ष का प्रारंभ होता था। यह तारा ठीक सूर्योदय से पहले दिखाई पड़ता था तथा केनिस मेजर तारापुंज में कुत्ते की नाक की आकृति बनाता था। सूर्य, चंद्रमा व सितारों की गति के अनुसार ज्यादातर समय घटाया जाता था। पिरामिड की संरचना के विभिन्न पहलुओं पर की गई खोजों से इस तथ्य का पता चलता है।

मिश्रवासियों को हमारे सप्त ऋषियों या सात तारों के समूह का भी ज्ञान था। उनके मन में सायरस तारे के लिए बड़ा सम्मान था और वे उसकी पूजा भी करते थे क्योंकि इस तारे के दिखाई देने का मतलब था — नील नदी में बाढ़ आना। इस तारे को आइसिस की आत्मा भी माना जाता था तथा उसकी आंख से गिरने वाले आंसू नील नदी में बाढ़ का कारण बनते थे।

यह भी कहा जाता है कि जब राजमहल पर ओरिओन्स के 3 ग्रह चमके थे तब महान् पिरामिड का निर्माण किया गया था।

प्राचीन सौंदर्य रहस्य :

प्राय: यह माना जाता है कि आधुनिक स्त्री-पुरुष ही फैशन के प्रति

जागरूक होते हैं और केवल उन्हीं के कारण सौंदर्य प्रसाधनों की बिक्री बढ़ी है। किंतु अगर विगत के साथ तुलना करके देखा जाए तो इस तथ्य का पता चलेगा कि उस समय शरीर को सुंदर बनाने की हजारों विधियां थी। हड्प्पा, मोहन जोदड़ों तथा प्राचीन सभ्यता के अन्य स्थानों पर शरीर को सुंदर बनाने की प्रक्रिया के बहुत से प्रमाण मिले हैं। मिश्र भी इसका अपवाद नहीं था।

मानव जाति की इस रूचि का प्रमुख कारण समग्र शारीरिक सौंदर्य खोजना था। मिश्रवासियों की इस क्षेत्र में रूचि समस्त आर्थिक सीमाओं को लांघ गई थी और वहां गरीब व अमीर किसी न किसी सौंदर्य तकनीक़ का उपयोग करना था। वहां स्त्री-पुरुष नियमित रूप से प्रसाधनों का इस्तेमाल किया करते थे।

वे लोग अपने नेत्रों पर विशेष ध्यान दिया करते थे क्योंकि अनेक कब्रों में नेत्रों के प्रसाधन का सामान पाया गया था।

मिश्रवासियों को खुशबू व धूप आदि अत्यंत प्रिय थी और वे उनका धार्मिक क्रियाकलापों, शरीर व वस्त्रों को सुगंधित करने और चिकित्सा के क्षेत्र में उनका उपयोग किया करते थे। मृत्यु संबंधी कर्म-कांडों में भी भारी मात्रा में खुशबूओं व धूप की जरूरत पड़ती थी और यही कारण था कि उनका आयात भी किया जाता था। लकड़ी के पश्चात् यही दूसरी ऐसी वस्तु थी जिसका व्यापार किया जाता था।

सौंदर्य साम्राज्ञी क्लियोपेट्रा सप्तम् ने तो उस प्राचीनकाल में प्रसिद्ध सौंदर्य के रहस्यों के बारे में एक पुस्तक भी लिखी थी। मेंहदी व अगरू के फायदों का पता उसी पुस्तक से चला था।

समाज के कमजोर तबके के लोगों के शरीर पर मलने वाला तेल ऐसी दूसरी प्रमुख वस्तु थी जो उन्हें मुहैय्या कराई जाती थी। मिश्रवासी गर्म जलवायु से अपनी त्वचा की रक्षा के लिए नियमित तौर पर शरीर पर मालिश किया करते थे। विभिन्न प्रकार की समस्याओं के लिए विभिन्न प्रकार की

मालिश की जाती थी। पुरुषों के मामलों में यौन शक्ति को बढ़ाने, मांसपेशियों को सुदृढ़ करने, अतिरिक्त वसा को कम करने के लिए मालिश की जाती थी जबकि स्त्रियों के मामले में गर्भावस्था की उदर पर खरोंच के निशान दूर करने और शरीर के विभिन्न भागों को सुडौल बनाने के लिए मालिश का सहारा लिया जाता था। मालिश व अन्य प्रसाधनों के लिए 21 प्रकार के तेलों का उपयोग किया जाता था।

औषधियां :

प्राचीन मिश्रवासियों को शारीरिक रचना विज्ञान का भरपूर ज्ञान था तथा मृत्यु के पश्चात् के जीवन में विश्वास के कारण मृत देह को सुरक्षित रखने की कला भी उन्हें आती थी। उनकी धार्मिक अनुष्ठानों व जादू में गहरी आस्था थी और उनकी मान्यता थी कि सभी बीमारियां राक्षसों व बुरी आत्माओं के कारण होती है। यही कारण था कि वे औषधियों के उपयोग के साथ-साथ जादू का उपयोग भी किया करते थे।

वे नकारात्मक ऊर्जाओं को दूर भगाने के लिए गंडे-ताबीज व धार्मिक कर्म-कांडों का उपयोग किया करते थे। इसी प्रकार वे जिस भी गूढ़ शक्ति की पूजा किया करते थे उसके अनुसार समय को अच्छे, बुरे या तटस्थ समय की परिकल्पना विकसित कर ली थी। उन्होंने स्वप्न-विज्ञान में भी महारथ हासिल कर रखी थी।

वे खतरों को दूर रखने, पशुओं व कीड़े-मकोड़ों के दंश से रक्षा करने तथा आंधी-तूफान आदि से बचाव के लिए छोटी-छोटी धार्मिक क्रियाएं किया करते थे। जब किसी स्त्री को प्रसव पीड़ा सताती थी तो वे बुरी शक्तियों से शिशु व स्त्री की रक्षा के लिए विशेष प्रार्थना करते थे।

शवों को ममी के रूप में सुरक्षित रखने के उनके ज्ञान पर विश्व आज भी आश्चर्य करता है। इसके मूल में उनका औषधिय और जादुई ज्ञान था। किंतु आज हम मिश्र की प्राचीन सभ्यता के इस ज्ञान को एक हद तक भूल चुके हैं।

वेशभूषा एवं आभूषण :

सूत से बने कपड़े चूंकि हल्के होते हैं और साथ ही गर्म जलवायु के उपयुक्त भी रहते हैं इस कारण मिश्र के प्राचीन निवासी सूती कपड़े पहनते थे।

पुरुष प्रायः घुटनों की लम्बाई वाले एप्रन पहनते थे जब कि महिलाएं टखनों तक लम्बे वस्त्र पहनती थी जिन्हें गर्दन के पीछे बांधा जाता था। किंतु समय के साथ यह पहनावा आकर्षक पोशाकों में तब्दील हो गया।

वे लोग ज्यादातर चमड़े के बने सैंडिल पहनते थे और ज्यादा से ज्यादा आभूषण धारण करना उन्हें प्रिय था।

सामाजिक परम्परा :

विश्व के प्रत्येक समाज की भांति मिश्र का समाज भी पुरुष प्रधान था तथा प्रायः प्रत्येक पुरुष के अनेक स्त्रियों से संबंध रहते थे। उनका अपना हरम होता था तथा जो हरम का खर्च नहीं उठा पाते थे वे लोग अपनी रखैल रखा करते थे। स्त्रियों के संदर्भ में व्याभिचार असहनीय था और इसके लिए उन्हें कड़ी सजा दी जाती थी।

किंतु इन सब बंधनों व समस्याओं के बावजूद भी वहां स्त्रियों को ऐसी बहुत सी सुविधाएं थीं जो उस काल में किसी भी देश में उपलब्ध नहीं थी। उनका भूमि व कानूनी मामलों में हक था तथा वे शासन भी कर सकती थी। वहां की कुछ प्रमुख महिलाएं थी – नेफेरटीटी (फराह एखेनटोन की पत्नी व फराह टुटुन्ख की माता) और क्लियोपेट्रा।

वहां की सामाजिक व्यवस्था व्यक्ति के पेशे पर आधारित थी। फिराऊन का दर्जा सर्वोच्च होता था।

फिराऊन - मिश्र का फिराऊन यद्यपि राजा होता था फिर भी उसे पृथ्वी पर भगवान का अवतार माना जाता था।

वजीर - सामाजिक व्यवस्था में दूसरा स्थान वजीर का होता था जो फिराऊन का व्यक्तिगत सलाहकार होता था।

सरकार - फिराऊन व वजीर की मदद के लिए उच्च पुजारी, प्रशासक तथा सेनापति होते थे और सभी मिल कर सरकार का आधार थे।

सहायक - डाक्टर्स, इंजीनियर तथा पुजारी मिल कर सरकार के विभिन्न विभागों के कामकाज में सहायता किया करते थे।

पुजारी जब धार्मिक कार्यों में व्यस्त नहीं होते थे तो वे न्यायाधीश व अध्यापकों का कार्य किया करते थे। इंजीनियरों को स्थापत्यकला, गणित तथा धार्मिक अनुष्ठानों का ज्ञान होता था और वे पिरामिड, स्मारक और महत्वपूर्ण भवनों के निर्माण में सहायता करते थे।

मुंशी - ये शिक्षित व्यक्ति होते थे तथा पत्र लेखक व बही-खाते का काम देखते थे। साथ ही कृषि-उत्पादनों का हिसाब भी रखते थे।

कारीगर - कारीगरों या दक्ष मजदूरों का काम गाड़ियां, ताबूत बनाना व कलात्मक कार्य था।

आधार - सैनिक, किसान व मजार बनाने वाले सामाजिक रूप से निचले तबके के होते थे तथा वे अपने से ऊंचे स्तर के व्यक्तियों के लिए कार्य किया करते थे।

उपरोक्त सामाजिक व्यवस्था में कारीगर के ऊपरी दर्जे के व्यक्ति पढ़े-लिखे होते थे और उनके पास कोई न कोई सत्ता भी होती थी।

शव परीरक्षण एवं मृत्यु उपरांत जीवन

जब भी हम ममी शब्द सुनते हैं तो हमारे जेहन में पट्टियों में लिपटी मृत देह की विविध कल्पनाएं उभरने लगती हैं। वास्तव में हमारी ये कल्पनाएं डरावनी फिल्मों की देन है जिन्होंने डरावने दृश्य उत्पन्न करने के लिए ममी का इस्तेमाल किया है। यह ऐसी फिल्मों का परिणाम है कि आम लोगों में ममी के विषय में अनेक भ्रामक बातें फैली हैं और आम व्यक्ति भी ममी के बारे में सत्य का पता लगाए बिना उनसे घृणा सा करने लगा है।

ममी शब्द वास्तव में फारसी शब्द 'ममिया' से बना है जिसका अर्थ है – टार। किंतु सच्चाई यह है कि मिश्रवासियों ने कभी भी ममी शब्द का उपयोग नहीं किया। चूंकि वे मृत व्यक्ति का सम्मान करते थे इस कारण उन्हें उन्हीं के नाम से पुकारते थे। मृत व्यक्तियों के साथ ममी शब्द केवल इसलिए जुड़ा क्योंकि शव के परिरक्षण के राल या घूना इस्तेमाल करते थे।

शरीर में लगभग 75% जल होता है और इसी कारण मृत्यु के पश्चात् शरीर गलने लगता है। अगर किसी तरीके से शरीर का निर्जलीकरण कर दिया जाए और उसकी सारी नमी दूर कर दी जाए तो शरीर को लम्बे समय तक सुरक्षित रखा जा सकता है। अनादिकाल से ही समुद्र के किनारे रहने वाले व्यक्ति नमक के इस्तेमाल द्वारा मछलियों एवं अन्य समुद्री जीवों को परिरक्षित करते आए थे। मिश्रवासियों ने निश्चित ही नमक की अवशोषण क्षमता को पहचाना होगा तभी वे शव परिरक्षण के लिए लवण का उपयोग करते थे। वे नेट्रोन नामक लवण के मिश्रण का उपयोग करते थे। नेट्रोन नील नदी के किनारे प्रचुर रूप से पाया जाता था। इस मिश्रित लवण का उपयोग हाथ धोने व दांत साफ करने के लिए किया जाता था।

नेट्रोन की रासायनिक संरचना इस प्रकार है —

- सोडियम कार्बोनेट
- सोडियम बायकार्बोनेट
- सोडियम क्लोराइड
- सोडियम सल्फेट।

सोडियम कार्बोनेट को सुखाने वाला बहुत अच्छा पदार्थ माना जाता है जब कि सोडियम बायकार्बोनेट pH को बढ़ा जीवाणुओं के विकास के लिए समुचित वातावरण निर्माण करता है। इन सभी तत्वों के साथ मिल कर मिश्र की गर्म व शुष्क जलवायु शव परिरक्षण की प्रक्रिया को आसान बनाती थी।

विश्व की सभी प्राचीन सभ्यताओं के 'मृत्यु के उपरांत जीवन' व 'पुनर्जन्म' के विषय में अपने-अपने मत हैं। मिश्रवासियों का विश्वास था कि मानवीय शरीर निम्न छः प्रमुख चीजों से बनता है —

1. भौतिक शरीर
2. छाया
3. नाम

4. आत्मा (का)
5. व्यक्तित्व (बा)
6. अमरत्व (अख)

पुनर्जन्म के लिए आवश्यक है कि ये सभी चीजें अपनी अच्छी स्थिति में उपस्थित रहें। इस प्रकार जब कोई व्यक्ति मरता था तो वह इन सभी चीजों को अपने साथ ले जाता था और उसकी मांग को पूरा करने के लिए केवल अमरत्व (अख) को छोड़ कर शेष के साथ दफना दिया जाता था। अमरत्व तो अंतिम क्रिया के समय अनुष्ठानों व मंत्रों द्वारा उत्पन्न किया जाता है। यह शक्ति अपरिवर्तनीय होती है तथा पाताल लोक के देवताओं से संपर्क स्थापित करती है। जिस क्षण अमरत्व प्राप्त हो जाता है उसी क्षण व्यक्ति का जीवन स्थाई बन जाता है।

शव परिरक्षण की प्रक्रिया :

- ❖ पुजारियों द्वारा मृत शरीर में जल से नहलाने के साथ ही पवित्रीकरण की प्रक्रिया प्रारंभ हो जाती है। वे मृत व्यक्ति की देह को पूरा सम्मान देते हैं।
- ❖ पुजारियों द्वारा चाकू की सहायता से शरीर में से मस्तिष्क, गुर्दे, हृदय तथा आंतें निकाल ली जाती हैं।

मिश्रवासियों का दृढ़ विश्वास था कि चूंकि मस्तिष्क व आत्मा हृदय के समीप रहती है इसलिए वे मृत्यु उपरांत की जीवन यात्रा में मस्तिष्क को महत्वहीन समझते थे। निकालने के बाद इन अंगों को धोकर मर्तवानों में रख दिया जाता था।

होरस के पुत्र	मर्तवान की सामग्री	मस्तिष्क की दिशा
दुआमुटेफ	आमाशय	उत्तर
केवसेनुफ	आंतें	दक्षिण
हापी	फेफड़े	पूर्व
एमसेट	यकृत	पश्चिम

- ❖ मस्तिष्क निकाल लिए जाने के बाद मस्तक में काला घूना भर दिया जाता था।
- ❖ नाक को कोमलता के साथ इस प्रकार भर दिया जाता था कि उसका आकार ज्यों का त्यों रहे। किंतु आगे चल कर समय के साथ जब यह प्रक्रिया जटिल व खर्चीली बन गई तो तब बदनसीब ममियों की नाक मस्तक पर कस कर बांधी गई पट्टियों से पिचक जाती थी।
- ❖ नेट्रोन लवण को तब अंगों तथा खुले गव्हरों में भरने के साथ सारे शरीर पर लगाया जाता था तथा मृत शरीर को 35 दिनों तक इस लवण में दफना कर रखा जाता था (दिनों की संख्या बढ़ा देने पर शरीर पूर्णतः शुष्क व कड़ा हो जाता था)। इतने दिनों में शरीर पूरी तरह सूखता नहीं था जिसके कारण उनके सामाजिक दर्जे अनुसार हाथ–पैरों को उचित स्थिति में रखा जा सकता था।
    - *शाही व्यक्तियों* को दफनाते समय उनके हाथ उनकी छाती पर रखे जाते थे।
    - *कुलीन व्यक्तियों* के हाथ नाभि से जरा नीचे जुड़े रहते थे।
    - *सामान्य व्यक्तियों* के हाथ उनकी अगल–बगल में रहते थे।

❖ हाथों को योग्य स्थिति में रखने के बाद ममी को पुनः एक सप्ताह के लिए ताजे नेट्रोन लवण में रखा जाता था ताकि वह पूर्णतः शुष्क हो जाए।

❖ शरीर के पूरी तरह शुष्क हो जाने पर नेट्रोन लवण को हटा दिया जाता था।

❖ फिर सारे गव्हर को ताड़ की शराब से साफ कर उसमें मसाले, गंधरस व मलमल के कपड़े में लकड़ी छीलन रखी जाती थी। इसके बाद शरीर पर देवदार, लोबान, गंधरस, ताड़ व कमल के तेलों को मिलाकर मला जाता था।

❖ ममी बनाने की प्रक्रिया के देवता 'एनुविस' से प्रार्थना की जाती थी। एनुविस कर्म-कांड के दौरान शरीर व आत्मा की रक्षा करता है।

❖ अब तक शरीर पतला व भुरभुरा बन कर ठीक ममी जैसा दिखाई देता है।

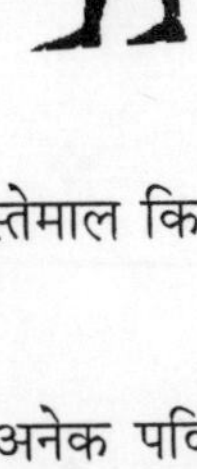

❖ अब सिर से पैरों तक कपड़े की पट्टियां लपेट दी जाती हैं। हाथ-पैरों की प्रत्येक उंगली को अलग-अलग लपेटा जाता है। इस्तेमाल की जाने वाली सामग्री भी मृत व्यक्ति की आर्थिक स्थिति अनुसार होती है। राजा और फिराऊन के लिए महीन कपड़ा इस्तेमाल किया जाता था तो गरीब व्यक्ति के लिए साधारण।

❖ शरीर पर पट्टियां लपेटते समय बीच-बीच में अनेक पवित्र प्रतीक व गंडे-ताबीज छिपा कर रखे जाते थे। इनका मकसद

मृत व्यक्ति व मर्तवान में रखे उसके अंगों को परस्पर जोड़ना था। हृदय पर हमेशा भृंग का ताबीज रखा जाता था ताकि अगली मात्रा के समय वह हृदय के पुनः काम शुरू कर सकने में मदद कर सके।

- ❖ इस सारी प्रक्रिया के दौरान ममी पर पट्टियां लपेटते हुए घूना लेपा जाता है और अंत में ममी को कफन या कपड़े में लपेट दिया जाता है।
- ❖ अंत में जब ममी पूर्ण दफनाने के लिए तैयार तैयार हो जाती है तो समारोह व कर्म-कांड शुरू होते हैं। पुजारी एक विशेष उपकरण से ममी के विभिन्न भागों का स्पर्श करता है ताकि वे अगले जीवन के लिए खुल सके। इस अनुष्ठान को "*मुंह का खुलना*" कहते हैं। उपकरण के द्वारा पुजारी मृतक की संज्ञाओं को जागृत करने में समर्थ होता है तथा अनुष्ठान के द्वारा मृतक को अगले जीवन में खाने व बोलने की आज्ञा मिल जाती है। मिश्रवासियों का विश्वास है कि इस अनुष्ठान के द्वारा बा (Ba) और का (Ka) अगली दुनियां में यात्रा कर सकती है।
- ❖ मिश्रवासियों को जीवन से अति प्यार था और वे मृत्यु के पश्चात् भी उसका आनंद उठाना चाहते थे। इसी कारण वे इस अगले जीवन की तैयारी में अपना अधिकांश समय व्यतीत करते थे।
- ❖ सभी कर्म-कांडों के समाप्त हो जाने पर वे ममी को ताबूत में सीलबंद कर दफनाने वाले कक्ष में रख मजार को भी सीलबंद कर देते थे।
- ❖ शव परिरक्षण की इस सारी प्रक्रिया में लगभग 70 दिन लगते थे और यह अवधि पारिवारिक जनों के लिए शोक मनाने के

लिए पर्याप्त होती थी। साथ ही कारीगरों को भी मजार पूरी करने का समय भी मिल जाता था।

मजार कभी भी पूर्ण नहीं की जाती थी, जब तक कि किसी अंधविश्वास के कारण उसकी जरूरत न पड़ती हो।

- मृतक राजा को भुजाएं मोड़कर लिटाया जाता था तथा ताबूत से वह मृत भगवान ओसीरिस जैसा दिखाई देता था। ऐसा इस कारण क्योंकि मृत्यु के समय माना जाता था कि फिराऊन या तो ओसीरिस बन जाएगा या पश्चिम दिशा में उसके साथ मिल जाएगा।

मृत्यु उपरांत जीवन का पथ :

पहले स्पष्ट किया जा चुका है कि मिश्रवासी मानते थे कि प्रत्येक व्यक्ति की अपनी अनूठी (बा) होती है। यह बा मानवीय चेहरे वाली पक्षी की आकृति में दशाई जाती थी जबकि (का) आत्मा सभी के लिए आम थी और जीवन व मृत्यु के अंतर की प्रतीक होती थी।

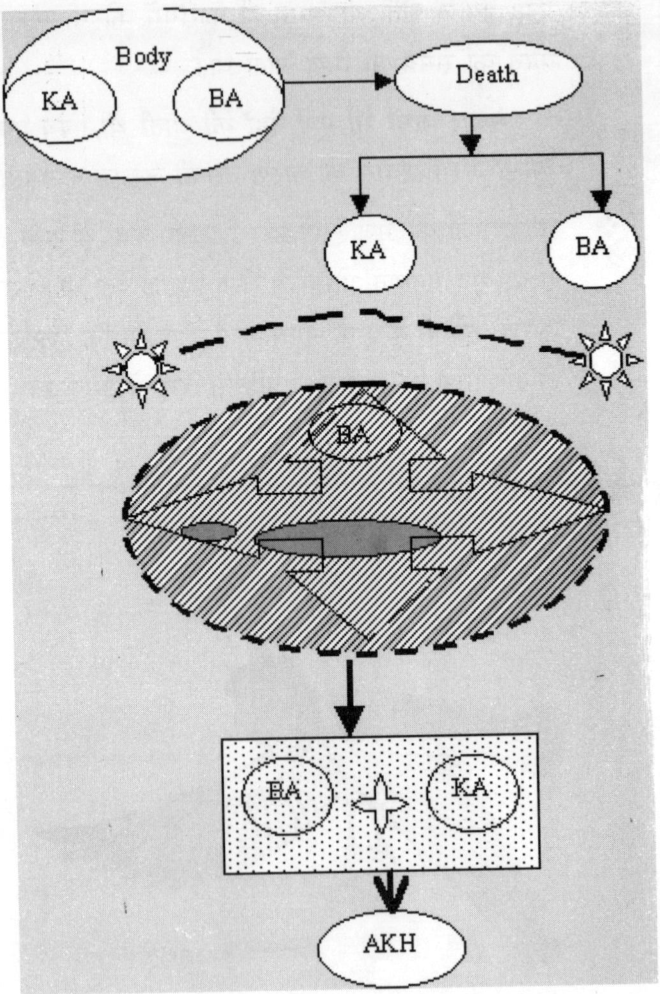

जैसे ही कोई व्यक्ति मरता है तो "मुंह के खोलने" की प्रक्रिया से का और बा अलग होकर अगली दुनियां की यात्रा करने लगते हैं।

शरीर बा और का के मध्य योजक का काम करता है। बा, का के लिए खोजी का कार्य करता है। जब कि रात्रि में सूर्योदय तक रा की यात्रा का समय बा के लिए घूमने का समय होता है। बा विभिन्न कष्टदायक

स्थितियों से गुजरता का को ढूंढ लेता है और बा एवं का मिलते हैं तो अख (AKH) (अमरत्व) का निर्माण होता है और फिर ये तीनों सत्ताएं परलोक की ओर चल पड़ती हैं

- ईश्वर
- (अख) अमरत्व – वे घूमने की स्थिति से एक स्थान पर ठहरने की यात्रा को सफलतापूर्वक पूरा देवताओं के साथ रहने लगते हैं।
- मृत – जो व्यक्ति इस परिवर्तन यात्रा को पूरा नहीं कर पाते वे पुनः मर जाते हैं और ऐसे व्यक्तियों के लिए नवीन जीवन की कोई आशा नहीं रह जाती।

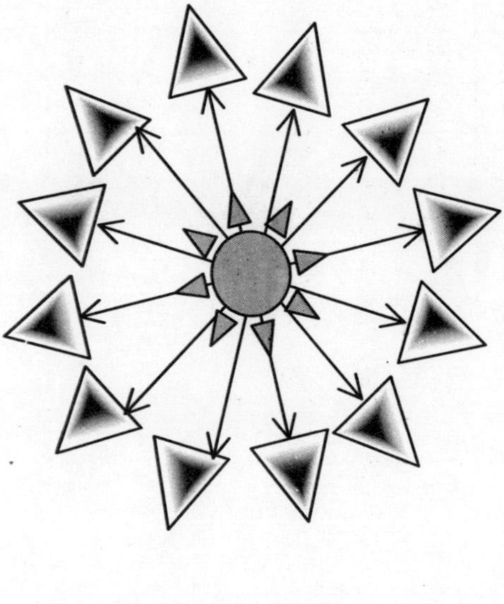

पाताल लोक 12 भागों में विभक्त होता है तथा प्रत्येक भाग एक समूचे जीवन का प्रतीक होता है। किंतु वास्तव में ये 12 भाग रात्रि के घंटे होते हैं और जब रा अपनी नाव में इनमें से गुजरता है तो उसकी जादुई सूर्य किरणें ममियों को इतनी शक्ति प्रदान करती है कि वे अपने सुरक्षात्मक

आवरण को काट कर नवीन जीवन प्रारंभ कर सके। ये ममियां तब तक जीवित रहती हैं जब तक सूर्य उनके भाग में प्रकाशित रहता है और रा जैसे ही उस भाग से चला जाता है ममियां पुनः सुरक्षात्मक आवरण को स्वयं पर रा के पुनः आगमन के समय तक लपेट लेती हैं।

फैसले का दिव्य संतुलन

मृतक व्यक्ति की **बा** को **का** से मिलने के मार्ग में यह एक बहुत बड़ी बाधा होती है। मिश्र के प्राचीन कर्म-कांडों में हृदय एक महत्वपूर्ण स्थान रखता है क्योंकि उनकी मान्यता थी कि हृदय शरीर, मस्तिष्क और आत्मा का मूर्त रूप होता है। इस कारण किसी व्यक्ति की पवित्रता का स्तर जानने के लिए हमें उसके हृदय को एक विशेष वस्तु के साथ तौलना पड़ता है।

एनुविस एक तराजू पर हृदय को सत्य के पंख के साथ तौलता है। वह दाहिने पलड़े पर हृदय को रखता है और बाएं पर सत्य के पंख को।

अगर हृदय का वजन ज्यादा होता था तो व्यक्ति पवित्र माना जाता था और इस प्रकार जीवन-यात्रा के स्वच्छ। किंतु इसके विपरीत पंख का वजन ज्यादा होने पर एक विशाल राक्षस हृदय का भक्षण कर लेता था और इस प्रकार मृतक व्यक्ति की भावी जीवन की संभावना खत्म हो जाती थी।

पिरामिड कार्य कैसे करता है?
एवं
पिरामिड के आकार का महत्व

पिरामिड की आकृति या आकार में ऐसा क्या रहस्य या विशेषता है कि जो प्रकृति की विनाशकारी शक्ति के सम्मुख लगभग अविनाशी बनाती है?

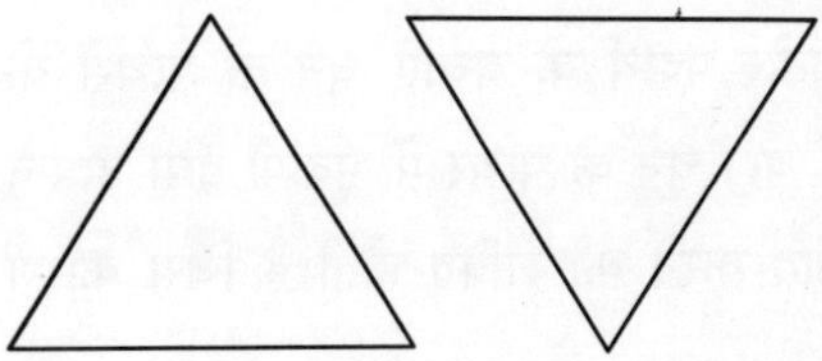

प्राचीन काल से ही व्यक्ति विभिन्न रूपों में त्रिभुज के आकार की पूजा करते आए हैं। भारत में त्रिभुज का आकार सार्वभौमिक ऊर्जा का प्रतीक माना जाता है तथा औंधे या उल्टे त्रिभुज योनि के प्रतीक माने जाते हैं। ये उल्टे त्रिभुज (योनि) सृजनात्मक या पुनरोत्पादन प्रक्रिया को दर्शाते हैं। जब ये दोनों शक्तियां-सार्वभौमिक ऊर्जा व प्रकृति-मिलती हैं तब सृजन की वास्तविक प्रक्रिया प्रारंभ होती है।

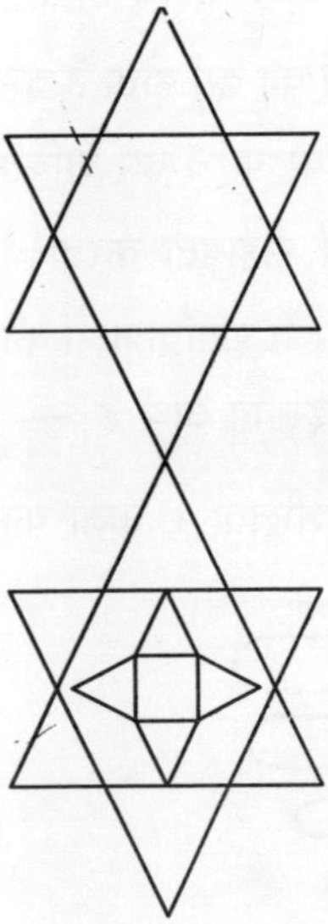

इसी प्रकार सार्वभौमिक ऊर्जा एवं प्रकृति के आर्विभाव में पृथ्वी, जल, अग्नि, वायु एवं आकाश — ये पंच तत्व समाहित रहते हैं। चूंकि पिरामिड के आकार में चार त्रिभुज मध्य में एक दूसरे से मिलते हैं, इस कारण चार मूल तत्वों की कल्पना (पृथ्वी, जल, अग्नि व वायु) के साथ आकाश की शक्तियां मिल कर शक्ति उत्पादन का एक केंद्र बनाती हैं जो सार्वभौमिक ऊर्जा को प्रकृति के साथ जोड़ता है। यही कारण है कि पिरामिड में ऊर्जा के भंडारण, उत्पादन और दिशा-परिवर्तन की असीमित क्षमता होती है।

विगत पांच हजार वर्षों से पिरामिड भूकंप, युद्ध और सांप्रदायिक दंगों जैसी महान विपत्तियों को झेलते आ रहे हैं।

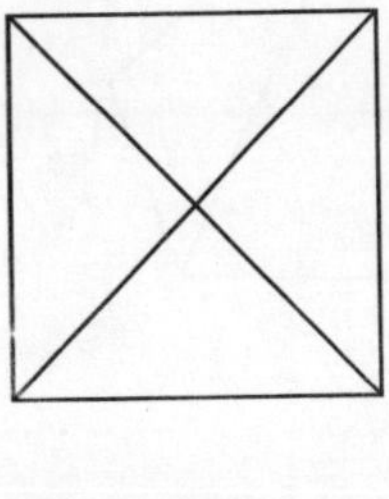

पिरामिड का चमकीला कवच चूने का पत्थर था जिसने 13वीं शताब्दी में काहिरा में आए विनशकारी भूकंप को भी सहन कर लिया था। इसी प्रकार पिरामिड

की चोटी पर भी किसी अन्य कठोर पदार्थ के बजाए चूने के पत्थरों के शिलाखंडों का उपयोग किया गया था। चूने के पत्थर में भूकंपों द्वारा उत्पन्न की जाने वाली तरंगों को आत्मसात करने की शक्ति होती है जिस कारण पिरामिड सुरक्षित रहे।

वैज्ञानिकों व चिकित्सकों द्वारा हाल ही में की गई खोजों ने किसी भी संदेह से परे यह बात सिद्ध कर दी है कि पिरामिड मात्र फिराऊन का मजार मात्र नहीं होते बल्कि उनमें गतिशील तरंगों का विशिष्ट ढर्रा होता है। इसका कारण यह है कि कुछ विशेष आकार व रूपों में जो ऊर्जा का ढर्रा होता है वह अपनी चरमसीमा पर पहुंच कर शक्ति के पुनर्विभाजन में सहायता करता है और उसके फलस्वरूप प्रतिक्रियाओं की एक श्रृंखला शुरू हो जाती है। गणितीय समीकरण में इसका अर्थ है —

मस्तिष्क की तरंगे + निष्क्रिय शक्ति की गतिशीलता + ऊर्जा का पुनर्विभाजन = ऊर्जा का ढर्रा।

पिरामिड के आकार विशेषकर उसकी चोटी में अंतरिक्ष की शक्तियों को काम में लाने की क्षमताएं होती हैं। ऊर्जा का बहाव विशुद्ध अंतरिक्ष ऊर्जा को चक्रवात का निर्माण करता है। फिर यह ऊर्जा चक्कर खाती नीचे पिरामिड के आधार तक आती है।

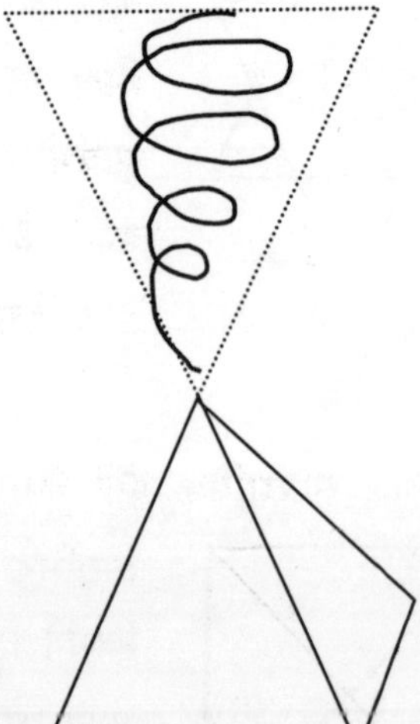

अगर कोई व्यक्ति शक्ति से कार्य ले सकता है तो वह बड़ी आसानी

से अपने अंतरतम के केंद्रों के संपर्क में आ समय की गंगा के अनुसार पिरामिड में और उसके ईद-गिर्द गोल चक्कर काटती ऊर्जा से काम ले सकता है। व्यक्ति जितना ही इस ऊर्जा से काम ले सकता हैं उतना ही बेहतर रहता है तथा इन ऊर्जाओं से काम लेते हुए वह शक्तिशाली बनता है।

अंतरिक्षीय ऊर्जाओं के दोहन में पिरामिड के आकार का कोई महत्व नहीं होता क्योंकि देखा गया है कि छोटे आकार के पिरामिड भी बड़े आकार के पिरामिडों जितनी ही ऊर्जा का दोहन करते हैं।

यंत्र, तंत्र एवं मंत्र के अगले भाग में रूप व आकार पर विस्तार से चर्चा की गई है।

यंत्र, तंत्र एवं मंत्र की शक्तियां

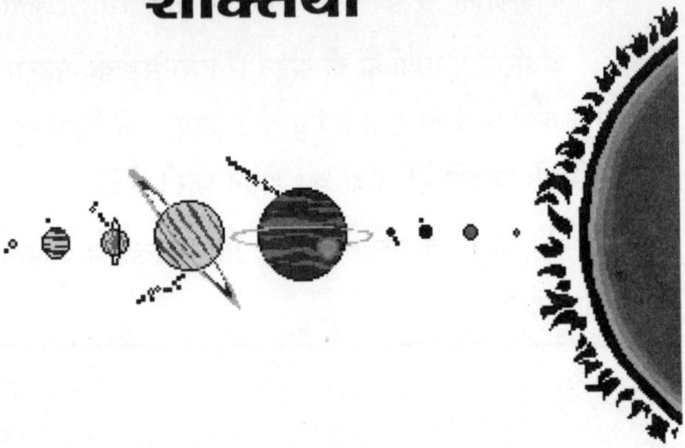

यंत्र, तंत्र एवं मंत्र का उद्देश्य तभी भली प्रकार समझा जा सकता है जब कि पहले हम यह समझ लें कि प्रतीकों का उपयोग क्यों किया जाता है और वे किस प्रकार हमारे धार्मिक अनुष्ठानों का अंग बने।

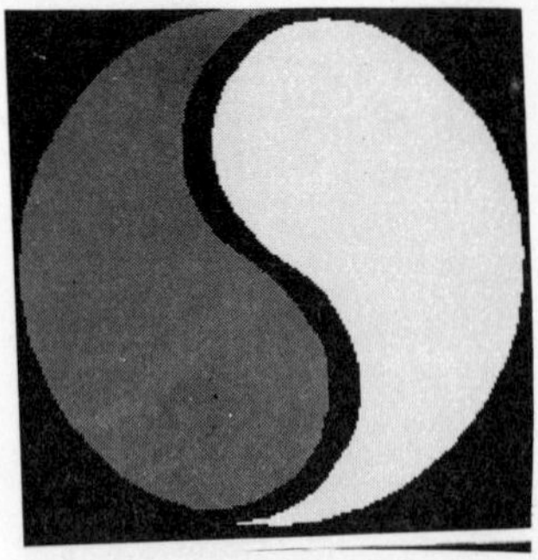

प्राचीन काल से धार्मिक कर्म-कांडों में प्रतीकों की महत्वपूर्ण भूमिका रही है और हम सभी यह जानते हैं कि सभी सजीव प्राणी पंच तत्वों से मिल कर बने हैं और आत्मा इन्हीं पंच तत्वों के मध्य में निवास करती है।

ये पंच तत्व हैं - पृथ्वी, जल, अग्नि, वायु एवं आकाश तथा इन्हीं पांच तत्वों के मेल से समूचे मानव-शरीर की रचना हुई है। शरीर निर्माण में इन पंच तत्वों के योगदान को इस प्रकार समझा जा सकता है —

- **पृथ्वी** - इस तत्व से त्वचा, हड्डियां, नाड़ियां व बाल बने हैं।

- **जल** - जल तत्व का संबंध लार, मूत्र, वीर्य, मज्जा और रक्त से होता है।
- **वायु** - शरीर की मांसपेशियों व ऊतकों में ***वायु*** तत्व के कारण संकुचन होता है। दौड़ना, विस्तार व गति भी इसी से होती है।
- **अग्नि** - इस तत्व का संबंध भूख, प्यास, सुस्ती, निद्रा, क्रोध व दमक से होता है।
- **आकाश** - चिंता, ध्वनि, वातशून्यता, मोह, भावनाएं तथा संदेह आदि इस तत्व से जुड़े होते हैं।
- इन पंच तत्वों के अलावा शरीर में निवास करने वाली आत्मा मस्तिष्क, बुद्धिमत्ता, ज्ञान और अहं भावना का नियंत्रण करती है। वैसे तो ये भौतिक शरीर के हिस्से होते हैं किंतु संघटक तत्व पिछले जन्म के कर्मों के अनुसार होते हैं। साथ ही आत्मा भौतिक शरीर में जीवन-शक्ति के प्रवाह का नियंत्रण भी करती है और ऊर्जा को प्रतिबंधित भी।

इन्हीं बातों को हम साधारण शब्दों में यों भी कह सकते हैं कि सभी रचना चाहे वह सजीव हो या निर्जीव और कुछ न होकर मात्र स्वयं प्रकृति के अपने तत्वों का अवतरण होता है। सृजन, यथावत् बने रहने और अंत में दिव्य तत्व की मरण की यह सारी प्रक्रिया तंत्र कहलाती है। इस तंत्र के यंत्र (भौतिक तत्व) और मंत्र (आत्मा) प्रमुख भाग होते हैं।

तंत्र

तंत्र मूलतः दो शब्दों — "तन" व "अंत्र" से मिल कर बना है

और इसका अर्थ है शरीर को खोजने की प्रक्रिया। इसका आशय यह हुआ कि जो शरीर में विद्यमान है, वह हर कहीं मौजूद है और जो शरीर में उपस्थित नहीं है वह कहीं भी नहीं होता। कालिका पुराण के अनुसार तंत्र, यंत्र और मंत्र की सहायता से तत्वों के ज्ञान के विस्तार की प्रक्रिया का नाम है। यह एक अत्यंत सारगर्भित विषय जो तत्वों के सार में गहरा डूब कर ज्ञान का प्रकाश लाता है और साधक को अलौकिकता का पथ दिखाता है।

तंत्र भौतिक, आध्यात्मिक एवं सूक्ष्म शरीर को प्रशिक्षण देने का कार्य करता है। यद्यपि योग को तंत्र का अविभाजय अंग माना जाता है किंतु हाल ही के कुछ वर्षों में योग केवल शारीरिक अभ्यास तक ही सीमित हो कर रह गया है और लोग योग शब्द का वास्तविक अर्थ भूल गए हैं। स्वयं योग भी 'यो' व 'ग' इन दो शब्दों से मिल कर बना है जिसका तात्पर्य है — सार्वभौमिक ऊर्जा में समाहित होने की प्रक्रिया। योग का भौतिक पक्ष शरीर को बलिष्ठ बनाने का कार्य करता है तो आध्यात्मिक पक्ष ब्रह्मांडिय शक्ति से संबंध जोड़ने के लिए ब्रह्मांडिय शरीर को शक्तिवान बनाता है।

इस प्रकार तांत्रिक क्रियाओं में मंत्र, यंत्र, योग, ध्यान व समास्थि पूर्णता प्राप्त करने के अपरिहार्य साधन स्वीकार किए गए हैं।

मंत्र

तंत्र के क्षेत्र में मंत्र की ठीक वही भूमिका होती है जो आत्मा की भौतिक शरीर में होती है। भारतीय तंत्र शास्त्र के अनुसार पचास अक्षर ब्रह्मांडिय शक्ति के सच्चे प्रतिनिधि होते हैं तथा उन पर अधिकार प्राप्त कर

कोई भी व्यक्ति अपनी प्रत्येक इच्छा को पूरा कर सकता है। ये अक्षर अ से क्ष तक के सामान्य अक्षर होते हैं, मगर इनका विशेष प्रकार से उपयोग कर साधक अलौकिक आध्यात्मिक शक्ति प्राप्त कर लेता है।

मंत्र भी 'मन' अर्थात् हृदय और 'अंत्र' मतलब आंतरिक इन दो शब्दों के योग से बना है। इस प्रकार मंत्र पाठ करने वाला व्यक्ति वास्तव में ब्रह्मांडिय शक्ति से मेल के लिए अपनी आंतरिक शक्ति को जागृत करता है तथा वह जितना ही अधिकाधिक मंत्र-जाप करता है उतना ही बेहतर रहता है। शक्तिशाली टांगों द्वारा वह इच्छा को पूर्ण कर लेता है।

मंत्र पाठ तीन प्रकार से किया जा सकता है —

1. जोर-जोर से पढ़ कर।
2. अस्फुट स्वर में पाठ कर।
3. मानसिक रूप से जाप कर।

इनमें से अंतिम-मानसिक जाप सर्वश्रेष्ठ होता है और उससे निष्क्रिय अलौकिक शक्ति को जागृत किया जा सकता है।

मंत्र द्वारा उद्देश्य प्राप्ति के लिए तीन बातें जरूरी होती हैं —

1. उद्देश्य के लिए उपयुक्त मंत्र।
2. जाप का उचित तरीका एवं जाप-संख्या।
3. मंत्र-जाप के लिए उचित समय व अवधि।

यंत्र

विश्व के सभी मतों में एक तथ्य सर्वमान्य है कि समूचे ब्रह्मांड में केवल तीन चीजें महत्वपूर्ण हैं — पहले रचना (जीवन) दूसरा विनाश

(मृत्यु) और तीसरे जीवन व मृत्यु के मध्य उसे बनाए रखना।

इस तीसरी परिकल्पना में नियमितता, नियंत्रण, ध्यान और स्रोतों का यथासंभव अच्छा उपयोग आते हैं। यंत्र भी तांत्रिक परंपरा में इसी प्रकार कार्य करते हैं और इनका उद्देश्य इच्छा पूर्ति होता है। यंत्र भौतिक शरीर की भांति कार्य करते हैं तो मंत्र नाड़ियों में रक्त की भांति। जिस क्षण साधक यंत्र का उपयोग प्रारंभ करता है तो वह दो शक्तियों से काम लेता है। पहली बाहरी व दूसरी आंतरिक। वह भौतिक पक्ष पर ध्यान केंद्रित करता है तो मंत्र आंतरिक शक्ति का विकास कर उद्देश्य की प्राप्ति करता है।

भारतीय धार्मिक ग्रंथों अनुसार कुल 84 करोड़ देवी-देवता हैं और इनमें से प्रत्येक का अपना एक प्रतीक चिन्ह भी। जब कोई तांत्रिक किसी प्रतीक का उपयोग करता है तो वह उस प्रतीक को मंत्र के ब्रह्मांडिय आवरण में ढ़क लेता है और अपने शरीर के जरिए ऊर्जा के प्रवाह के लिए माध्यम के रूप में काम करता है। यह ऊर्जा फिर यंत्र के जरिए वापस साधक के पास चली आती है जो उससे अपने उद्देश्य की पूर्ति करता है।

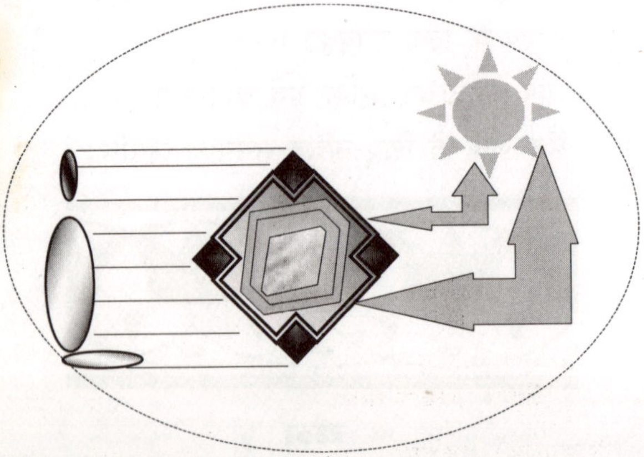

चित्र में दर्शाया गया है कि साधक मंत्र की सहायता से यंत्र की साधना कर रहा है तथा जिस क्षण उसे मंत्र में प्रवीणता प्राप्त हो जाती है वह

यंत्र के संपूर्ण भौतिक पक्ष से मुक्त हो सार्वभौमिक शक्ति को प्राप्त करता है। इस विधि से नियमित अभ्यास करने से साधक में प्रभा मंडल उत्पन्न करने की क्षमता आ जाती है। यंत्र व मंत्र के उपयोग की स्थितियों को संक्षिप्त रूप में यों दर्शाया जा सकता है —

साधक → मंत्र → यंत्र → ब्रह्मांडिय शक्ति के भौतिक रूप की अनुभूति → यंत्र के साथ सतत मंत्र–जाप → शक्ति का विकास → साधक के चारों ओर ब्रह्मांडिय प्रभामंडल इस प्रकार फैलता है कि शक्ति का प्रसार एक आम व्यक्ति भी देख सकता है।

यंत्र एवं ऊर्जास्वित करने की प्रक्रिया

वैसे तो यह बहुत पुरानी कहानी है मगर इस कहानी से जो शिक्षा मिलती है वह वर्तमान स्थितियों पर भी खरी उतरती है।

एक छोटे से आश्रम में गुरुजी छात्रों को एक योग्य छात्र के सद्‌गुणों के बारे में बता रहे थे तथा सभी छात्र भी बड़े मनोयोग से उनके उपदेश को सुन रहे थे। बस केवल एक छात्र का ध्यान गुरुजी की बातों पर नहीं था।

गुरुजी उस छात्र को ताड़ गए और उन्होंने उससे कहा, "प्रिय मोहन लगता है तुम्हारा ध्यान कहीं ओर है।"

वह छात्र खड़ा हो गया और उसने कहा कि चूंकि वह एक गुरु का पुत्र है इसलिए आश्रम तो उसे विरासत में मिलेगा और वह भावी गुरु है। इसलिए उसके लिए योग्य छात्र होने की बात कोई अर्थ नहीं रखती।

गुरुजी ने उससे कुछ नहीं कहा और तभी कक्षा मध्यान्ह के भोजन के लिए खड़ी हो गई।

भोजन के लिए सभी छात्र एक पंक्ति में बैठ गए तथा गुरु माता ने सभी के सम्मुख थाली रख दी। सभी छात्रों की थालियां साफ-स्वच्छ थी। बस मोहन की थाली गंदी थी।

गुरु माता जब मोहन की थाली में खाना परोसने लगी तो मोहन बोल पड़ा, "माता! मेरी थाली तो गंदी है फिर भी आप खाना परोस रही हैं। ठहरिए पहले मैं इसे साफ कर लूं, तब खाना परोसिएगा वर्ना मैं बीमार हो जाऊंगा।"

तब गुरुजी ने बीच में कहा, "जब तुम एक दिन भी गंदी थाली में खाना नहीं खा सकते तो जरा उस स्थिति की कल्पना करो जब तुम गुरु बनोगे और तुम्हारे शिष्य प्रतिदिन तुम्हारी कही गई बातों को किस प्रकार पचा पाएंगे? तुम जो उन्हें गंदगी दोगे क्या उससे वे मानसिक रूप से बीमार नहीं हो जाएंगे?"

मोहन इशारा समझ गया। उसने न केवल अपने माता-पिता से क्षमा मांगी वरन् सहपाठियों से भी। वही बच्चा आगे चल कर भारत का महान् संत बना — ऋषि मार्कंडेय जिन्होंने देवी माहत्म्य की रचना की थी।

मात्र जन्म स्वच्छता तथा कुछ मामलों में अधिकार नहीं दिलाता, वह तो केवल कर्म होता है जो उन पर अधिकार दिलाता है।

मैंने दो कारणोंवश इस कहानी का उल्लेख किया है जिसमें से पहला यह है कि उच्च खानदान में जन्म लेने मात्र से ज्ञान नहीं मिलता है तथा दूसरा यह कि किसी भी वस्तु को ग्रहण करने के लिए पात्र को उपयुक्त एवं स्वच्छ होना चाहिए।

इसी प्रकार यंत्र की रचना कर लेने मात्र से वह शक्तिशाली नहीं बन जाता है। उसे तो उससे काम लेने से पहले स्वच्छ व पवित्र करना पड़ता है और फिर उसमें प्राण प्रतिष्ठा करनी पड़ती है। अगर उसे स्व्च्छ व पवित्र किए बिना उस में प्राण-प्रतिष्ठा की जाती है तो वह अकल्पनीय क्षति पहुंचा सकता है। यंत्र निर्माण से पूर्व अनेक बातों पर विचार करना पड़ता है —

- ➢ यंत्र का उद्देश्य
- ➢ यंत्र की स्थापना का स्थान
- ➢ यंत्र में प्रयुक्त होने वाली सामग्री
- ➢ यंत्र को ऊर्जास्वित करने हेतु मंत्र का प्रकार।

यंत्र का उद्देश्य :

किसी भी यंत्र के निर्माण से पूर्व उसके उद्देश्य पर गहरा विचार

करना पहली शर्त होती है। भिन्न-भिन्न उद्देश्यों के लिए अलग-अलग प्रकार के यंत्र बनाए जाते हैं। इसी के साथ उन्हें ऊर्जास्वित करने की पद्धति और कर्म-कांड भी एक समान नहीं होते। स्वास्थ्य लाभ के लिए बनाया जाने वाला यंत्र निष्क्रिय ऊर्जा को जागृत करने वाले यंत्र से भिन्न होगा।

यंत्र-स्थापना का स्थान :

यह दूसरा सर्वाधिक महत्वपूर्ण प्रश्न होता है क्योंकि गलत स्थान पर रखा गया ऊर्जास्वित यंत्र लाभ के स्थान पर हानि करता है जैसे कि स्वास्थ्य लाभ के लिए बनाया गया यंत्र किसी उपकरण की भांति स्वयं में सारी नकारात्मकता समाहित कर लेगा या नकारा शक्तियों को भगा देगा। किंतु यदि इसी यंत्र को गलत स्थान पर स्थापित किया गया तो यह विपरीत प्रभाव देगा और सारी सकारात्मक शक्तियों को ग्रहण कर नकारात्मकता का प्रसार करेगा जिसका परिणाम दुर्भाग्यपूर्ण घटनाएं होंगी।

यंत्र-निर्माण की सामग्री :

यंत्र निर्माण में प्रयुक्त होने वाली सामग्री भी अपना विशेष महत्व रखती है। बिना सोचे-समझे इस्तेमाल की गई सामग्री से बना यंत्र निष्फल रहता है। सोना, चांदी, तांबा तथा भगवान विष्णु का प्रतीक शालिग्राम यंत्र-निर्माण के लिए श्रेष्ठ रहते हैं।

यंत्र को ऊर्जास्वित करने के लिए मंत्र का प्रकार :

किसी भी यंत्र को बना लेने का अर्थ यह कदापि नहीं है कि वह आपके उद्देश्य की पूर्ति कर देगा। इसके लिए उसे ऊर्जास्वित करना जरूरी होता है। ऐसे समय में उपयुक्त मंत्र का चुनाव अत्यंत महत्वपूर्ण प्रश्न होता है। यंत्र निर्माण की प्रक्रिया का प्रतिनिधित्व पांच तत्व — पृथ्वी, जल, अग्नि, वायु व आकाश करते हैं जब कि उसे ऊर्जास्वित करने की प्रक्रिया उस में आत्मा (ब्रह्मांडिय बुद्धिमत्ता, मन व चित्त) डालने जैसी प्रक्रिया होती है।

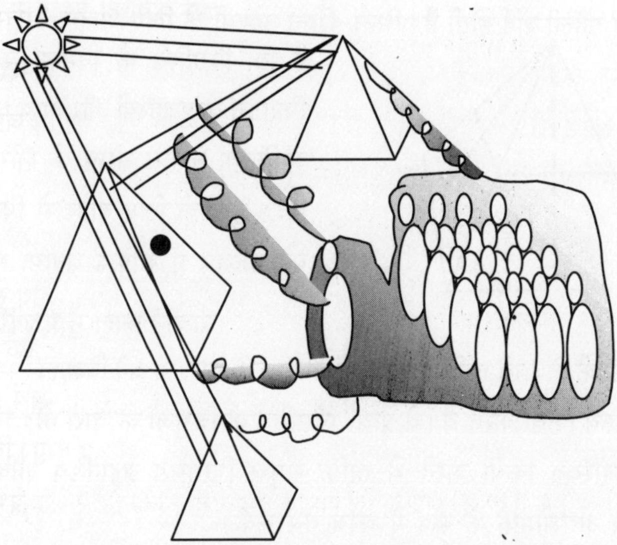

पिरामिड – एक चमत्कारिक ऊर्जस्वित यंत्र

यदि हम पिरामिड का बारीकी से निरीक्षण करें तो हमें उसके ईद-गिर्द ऊर्जा का प्रवाह अनुभव होगा जैसे कि उसे ऊर्जस्वित किया गया हो और वह अभी भी कार्य कर रहा हो। वैसे पिरामिड ऊर्जस्वित करने का उद्देश्य या वास्तविक उपयोग समय की गर्द में छिप गया है।

अगर हम भारतीय संस्कृति के यंत्र निर्माण व उसको ऊर्जस्वित करने के पक्ष पर दृष्टिपात करें तो हम पाएंगे कि पिरामिड और कुछ न होकर मात्र चौरस आधार वाला चार त्रिभुजों का समूह है।

विश्व की ज्यादातर प्राचीन संस्कृतियों में त्रिभुज कमोबेश सृजनात्मकता व पुनरोत्पादन का प्रतीक रहा है तथा उसकी तीन पार्श्व सृजन, रखरखाव तथा विनाश की द्योतक होती है। त्रिभुज का मध्य भाग महत्वपूर्ण बिंदु होता है। जब हमारे पास क्रियाशील यंत्र होता है तो हम त्रिभुज के इसी मध्य बिंदु पर ध्यान केंद्रित कर उसे सक्रिय करते हैं।

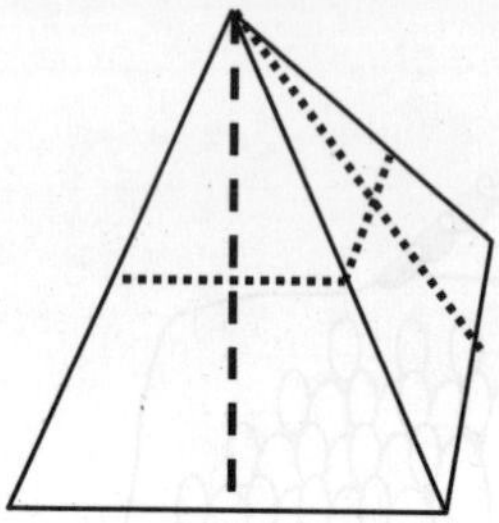

इस बात की प्रबल संभावना है कि पिरामिड के निर्माण के बाद फिराऊन के पुजारियों और अन्य धार्मिक व्यक्तियों ने उस समय के लोगों की इच्छा पूर्ति के लिए बाहर से पिरामिड को वास्तव में सक्रिय बनाया हो।

प्राचीन काल में एटलेंटिस व लेमुरिया के निवासी तांत्रिक क्रियाओं के द्वारा क्रिस्टल के बने विशाल पिरामिडों को सक्रिय किया करते थे। वे प्रायः पिरामिड के त्रिभुजों के चारों केंद्र बिंदुओं को ऊर्जस्वित किया करते थे ताकि समूच पिरामिड ब्रह्मांडिय शक्ति के विशाल अवशोषक के रूप में कार्य कर सके।

पिरामिड का केंद्र बिंदु ऊर्जा के चक्रवात का प्रतीक होता है। यह एक प्रकार से ब्रह्मांडिय ऊर्जा तथा पिरामिड के आसपास के वातावरण में विद्यमान पंच तत्वों की शक्तियों का मेल होता है।

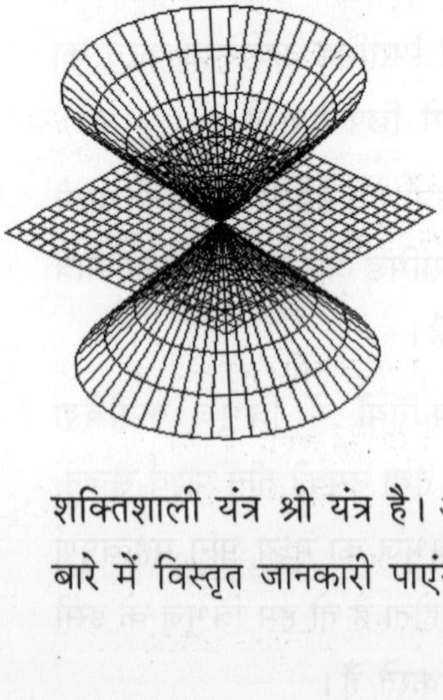

चित्र में पिरामिड की शक्ति को दर्शाया गया है जो ब्रह्मांड की शक्तियों को घुमावदार चक्रवात के रूप में खींच रहा है। इसी कारण ये ब्रह्मांडिय शक्तियां पिरामिड पर सक्रिय यंत्र के रूप में कार्य कर पाती हैं।

भारतीय संदर्भ में सर्वाधिक शक्तिशाली यंत्र श्री यंत्र है। अगले पृष्ठों में आप इसकी बनावट आदि के बारे में विस्तृत जानकारी पाएंगे।

भारतीय ब्रह्मांडिय पिरामिड
श्रीयंत्र

महान संत आदि शंकराचार्य ने अपनी महान पुस्तक सौंदर्य लहरी में श्री यंत्र के बारे में अत्यंत विस्तार से लिखा है। श्री यंत्र जग प्रसिद्ध है तथा ज्यामितिय रूप से अत्यंत जटिल यंत्र।

वास्तव में श्री यंत्र किसी गूढ़ विद्या पर दक्षता प्राप्त करने की प्रक्रिया न होकर अपने आंतरिक स्वरूप को पहचानने की प्रक्रिया है।

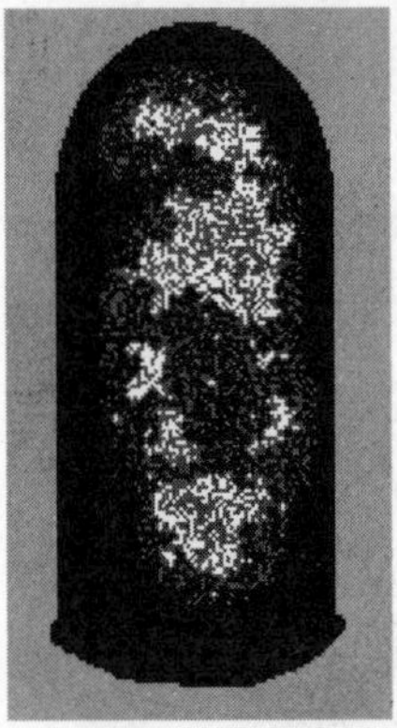

श्री यंत्र मूलतः "श्री" एवं "यंत्र" इन दो शब्दों के योग से बना है। श्री शब्द का उपयोग अपने से बड़े व्यक्तियों को सम्मान देने के लिए भारत, श्रीलंका व बाली में किया जाता है। इसी के साथ यह भगवान विष्णु का संक्षिप्त नाम भी है और देवी के लिए भी प्रयुक्त किया जाता है।

भारत में प्राचीन काल से ही सृजनात्मकता, उर्वरकता तथा समृद्धि की प्रक्रिया के प्रतीक के रूप में योनि एवं लिंग की पूजा-अर्चना की जाती रही है। लिंग अपने विशुद्ध रूप में *ब्रह्मांडिय बिंदु* है। इसी लिए अगर कोई व्यक्ति लिंग को ऊपर से देखता है तो उसे मात्र बिंदु दिखाई देता है, बेलनाकार आकार नहीं। यह बिंदु ब्रह्मांडिय जीवन चक्र की प्रक्रिया में सतत होने वाले अलौकिक हस्तक्षेप का प्रतीक होता है।

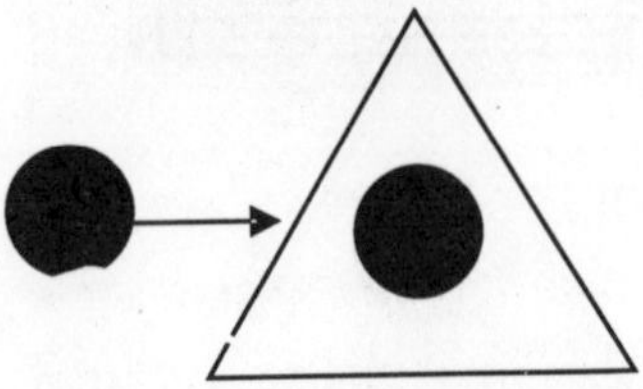

श्री यंत्र ज्यामितिय सटीकता का एक चमत्कार है जो नौ द्विबाहु त्रिभुजों के एक-दूसरे में मिलने से बनता है। इन में से पांच त्रिभुज अधोमुखी होते हैं तथा शेष चार त्रिभुज उर्द्ध मुखी (पांच त्रिभुज योनि रूप होते हैं जो सृजन प्रक्रिया की प्रतिनिधि होती है तथा शेष चार त्रिभुज अलौकिक बुद्धिमत्ता

को दर्शाते हैं) त्रिभुजों के इन संबंधों को अंतर्दृष्टि का आंतरिक संचेतना से अनुभव किया जा सकता है। इस प्रक्रिया के लिए तीन शक्तियां तथा तीन प्रक्रियाओं की आवश्यकता पड़ती है जिसके साथ तीन ऊर्जाएं होनी चाहिए।

ये तीन शक्तियां हैं —

1. इच्छा शक्ति
2. ज्ञान शक्ति
3. क्रिया शक्ति।

इन तीन प्रक्रियाओं के साथ तीन ऊर्जाएं होनी चाहिए —

1. ध्यान
2. चिंतन
3. मनन।

जब ये छः तत्व विकसित होते हैं तो हमें दिव्यता, अलौकिक क्षमता तथा दिव्य संभावनाओं से मिल कर बनी ब्रह्मांडिय शक्ति मिलती है।

श्री यंत्र की दिव्य शक्तियों को समझने और उनसे लाभ उठाने की अलौकिक प्रक्रिया श्री सूक्तम् है।

श्री सूक्तम्

हरिः ॐ॥ हिरण्यवर्णां हरिणीं सुवर्णरजतस्रजाम्।
चन्द्रां हिरण्मयीं लक्ष्मीं जातवेदो म आ वह ॥१

तां म आ वह जातवेदो लक्ष्मीमनपगामिनीम्।
वस्या हिरण्यं विन्देयं गामश्वं पुस्पानहम् ॥२

अश्वपूर्वां रथमध्यां हस्तिनादप्रवोधिनीम्।
श्रियं देवीमुपह्वये श्रीर्मा देवीर्जुषताम् ॥३

कां सोरिमतां हिरण्यप्राका रामाद्रा। ज्वलन्तीं तृप्तां तर्पयन्तीम्।
पद्मे स्थितां पद्मवर्णा तामिहोपह्वये श्रियम् ॥4

चन्द्रां प्रभासां यशसा ज्वलन्तीं श्रियं लोके देवजुष्टामुदाराम्।
तां पद्मिनीमी शरणमहं प्रपद्येऽलक्ष्मीर्मे नश्यतां त्वां वृणे ॥5

आदित्यवर्णे तपसोऽधिजातो वनस्पतिस्तव वृक्षोऽथ विल्वः!
तस्य फलानि तपसा नुदन्तु मायान्तरा याश्च बाह्या अलक्ष्मीः ॥6

उपैतु मां देवसेखः कीतिश्य मणिना सह।
प्रादुर्भूतोस्मिराष्ट्रेऽस्मिन् कीर्तिमृद्धिं ददातु मे ॥7

क्षुत्पिपासामलां ज्येष्ठामलक्ष्मीं नाशयाम्यहम्।
अभूतिमसमृद्धि च सर्वा निर्णुद मे गृहात् ॥8

गन्धद्वारां दुराधर्षा नित्यपुष्टां करीषिणीम्।
ईश्वरीं सर्वभूतानांतामिहोपह्वये श्रियम् ॥9

मनसः काममाकूति वाचः सत्यमशीमहि।
पशूनां रूपमन्नस्य मयि श्रीःश्रयतां यशः ॥10

कर्दमेन प्रजाभूता मयि संभव कर्दम।
श्रियं वासय मे कुले मातरं पद्ममालिनीम् ॥11

आपः सृजन्तु स्निग्धानि चिक्लीत वस मे गृहे।
निच देवी मातरं श्रियं वासय ने कुले ॥12

आद्रां पुष्करिणीं पुष्टिं पिङ्गलां पद्ममालिनीम्।
चन्द्रां हिरण्मयीं लक्ष्मीं जातवेदो म आवाह ॥13

आर्द्रां यःकरिणी यष्टिं सुवर्णा हेममालिनीम्।
सूर्या हिरण्मयीं लक्ष्मीं जातवेदो म आवाह ॥14

तां म आवह जातवेदो लक्ष्मीमनपगामिनीम्।
यस्यां हिरण्यं प्रभूतं गावो दारयोऽश्वान् विन्देयं पुरुषानहम् ॥15

यः शुचिः प्रयतो भूत्वा जुहुयादाज्यमन्वहम्।
सूक्तं पञ्चदशर्चं च श्रीकामः सततं जपेत् ॥16

पद्मानने पद्म ऊरु पद्माक्षी पद्मसंभवे।
तन्मे मजसि पद्माक्षि येन सौख्यं लभाम्यहम् ॥17

अश्वदायी गोदायी धनदायी महाधने।
धनं मे जुषतां देवि सर्वकामांश्च देहि मे ॥18

पद्मानने पद्मविपद्मपत्रे पद्मप्रिये पद्मदलायताक्षि।
विश्वप्रिये विश्वमनोऽनुकूले त्वत्पादपद्मं मयि सन्निधत्सव ॥19

पुत्रपौत्रधनं धान्यं हस्त्यश्वादिगवे रथम्।
प्रजानां भयसी माता आयुष्मन्तं करोतु मे ॥20

धनमग्निर्धनं वायुर्धनं सूर्यो धनं वसुः।
धनमिन्द्रो बृहस्पतिर्वरुणं धनमस्तु ते ॥21

वैनतेय सोमं पिबं सोमं पिबतु वृत्रहा।
सोमं धनस्य सोमिनो मह्यं दवातु सोमिनः ॥22

न क्रोधो न च मात्सर्यं न लोमो नाशुमा मतिः।
भवन्ति कृतपुण्यामां भक्तानां श्रीसूक्तं जपेत् ॥23

सरसिजनिलये सरोजहस्ते धवलतरांशुकगन्थमाल्यशोभे।
भगवति हरिवल्लमे मनोज्ञे त्रिभुवनभूतिकरि प्रसीद मह्यंम् ॥24

विष्णुपत्नीं क्षमां देवीं माधवीं माधवप्रियाम्।
लक्ष्मीं प्रियसखीं देवीं नमाम्यच्युतवल्लनाम् ॥25

महालक्ष्मी च विद्महे विष्णुपत्नी च धीमहि।
तन्नो लक्ष्मीः प्रचोदयात् ॥26

श्रीवर्चस्वमायुष्यमारोग्यमाविधाच्छोभमानं महीयते।
धान्यं धनं पशुं बहुपुत्रलाभं शतसंवत्सरं दीर्घमायुः ॥27

पद्मप्रिये पद्मिनि पद्महस्ते पद्मालये पद्मदलायताक्षि।
विश्वप्रिये विष्णुमनोऽनुकूले त्वत्पादपद्मं मयि सन्निधत्स्व ॥28

श्रिये जात श्रिय आनिर्याय श्रियं वयो जनितृभ्यो दधातु।
श्रियं वसाना अमृतत्वमायन् भजन्ति सद्यः रावितो विदध्यून् ॥29

श्रिय एवैनं तच्छ्रियामादधाति।
सन्ततमृचा वषट्कृत्यं सन्धतं संधीयते प्रजया पशुभिः॥
य एवं वेद॥३०

ॐ महादेव्यै च विद्महे विष्णुपत्न्यै च धीमहि।
तन्नो लक्ष्मीः प्रचोदयात्॥३१
ॐ शान्तिः शान्तिः शान्तिः

श्री सूक्तम्

हरिः ॐ॥ हिरण्यवर्णां हरिणीं सुवर्णरजतस्रजाम्।
चन्द्रां हिरण्मयीं लक्ष्मीं जातवेदो म आ वह॥१
तां म आ वह जातवेदो लक्ष्मीमनपगामिनीम्।
वस्या हिरण्यं विन्देयं गामश्वं पुस्पानहम्॥२

हे अग्निदेव तपे हुए सोने के समान चमकदार और गोरे वर्णवाली ज्योति स्वरूपा लक्ष्मी देवी को मेरे यहां आह्वान कीजिए।

हे वेदों से उत्पन्न अग्निदेव, मेरे पास से अन्यत्र न जाने वाली उस भगवती लक्ष्मी देवी को मेरे यहां आग्रह पूर्वक बुलाइये जिससे मैं यथेच्छ स्वर्ण, गो, घोड़े, निवास, खेती, सहायक मनुष्य जैसे पत्नी, पुत्र, पौत्र आदि प्राप्त कर पाउं।

अश्वपूर्वा रथमध्यां हस्तिनादप्रवोधिनीम्।
श्रियं देवीमुपह्वये श्रीर्मा देवीर्जुषताम्॥३
कां सोरिमतां हिरण्यप्राका रामाद्रा। ज्वलन्तीं तृप्तां तर्पयन्तीम्।
पद्मे स्थितां पद्मवर्णां तामिहोपह्वये श्रियम्॥4

मैं उस देवी का आह्वान करता हूं जिनके दिव्य रथ में सुन्दर घोड़े जुते हैं। रथ के मध्य में दिव्य आसन पर स्वयं विराजमान हैं। उनके दिव्य होंठों पर प्रसन्नता उभर आती है जब भी हाथी गर्जना करते हैं। मैं उस देवी

का आह्वान करता हूं जिनसे यह संपूर्ण चराचर प्रकाशित हैं। उनका निवास मेरे यहां सदा रहे।

मैं उस देवी का आह्वान करता हूं, जिन्हें, मन, कर्म और वचन द्वारा जानना नामुमकिन है। हमेशा मन्द-मन्द मुस्काने वाली, अनेक मणिमाणिक रत्नों के हार और मालाओं से जिनके सारे अंग शोभायमान हैं, भक्तों पर सदा दया, करूणा, स्नेह बरसाने वाली तेज प्रभा से परिपूर्ण होकर भक्तों की इच्छाओं को पूरी करने वाली उस भगवती का मैं आह्वान करता हूं।

चन्द्रां प्रभासां यशसा ज्वलन्तीं श्रियं लोके देवजुष्टामुदाराम्।
तां पद्मिनीमी शरणमहं प्रपद्येऽलक्ष्मीर्मे नश्यतां त्वां वृणे ॥5
आदित्यवर्णे तपसोऽधिजातो वनस्पतिस्तव वृक्षोऽथ विल्वः !
तस्य फलानि तपसा नुदन्तु मायान्तरा याश्च बाह्या अलक्ष्मीः ॥6

चन्द्रमा के समान शीतल, शान्ति देने वाली, तेजोमय ज्योति स्वरूपा, स्वर्गादि लोकों में इन्द्रादि देवों द्वारा पुजित सेवित अत्यन्त स्वभाव वाली, अनन्त धन, रत्नादि मनोरथों को पूर्ण करने वाली, कमल के मध्य रहने वाली कमला, कमल के सदृश हल्के लाल रंग वाली लक्ष्मी देवी मुझ अनाथ को भी अपनी शरण में ले लो। मेरे समस्त दुःख और दरिद्रता का नाश करें।

हे देवी तुम्हारे सूर्य के समान प्रभामण्डल से तेजस्वी विग्रहवाली लक्ष्मी तुम्हारे तम के प्रभाव से फूल के बिना फल देने वाला वृक्ष बेल। मैं उसी बेल के फल को तुम्हारे दिव्य चरणों में अर्पित करता हूं। मेरे शरीर के भीतर और बाहर का अदिष्ट रोग, दुख, द्वेष, दरिद्रता आदि कृपा करके दूर करें।

उपैतु मां देवसखः कीतिश्य मणिना सह।
प्रादुर्भूतोस्मिराष्ट्रेऽस्मिन् कीर्तिमृद्धिं ददातु मे ॥7
क्षुत्पिपासामलां ज्येष्ठामलक्ष्मीं नाशयाम्यहम्।
अभूतिमसमृद्धि च सर्वा निर्णुद मे गृहात् ॥8

हे देवी महामाया, मुझे उत्तम यश, धन आदि के साथ देवताओं के

सखा कुबेर और मणिभद्र प्राप्त हों। मेरा जन्म इस पावन भूमि में हुआ है और मुझे इसके गौरव के अनुरूप यश और समृद्धि प्रदान करें।

हे माँ मुझे भूख-प्यास आदि शारीरिक पीड़ा, दुख और दरिद्रता की देवी अलक्ष्मी (देवी लक्ष्मी की बड़ी बहन) से मुक्त करें। हे देवी माँ लक्ष्मी तुम्हारे चरण मेरे घर पर पड़ते ही सारे कष्टों का निवारण हो जाता है अथः तुम्हारी मेरे पर असीम कृपा होगी अगर तुम मेरे घर पर निवास करो।

गन्धद्वारां दुराधर्षा नित्यपुष्टां करीषिणीम्।
ईश्वरीं सर्वभूतानांतामिहोपह्वये श्रियम् ॥9
मनसः काममाकूति वाचः सत्यमशीमहि।
पशूनां रूपमन्नस्य मयि श्रीःश्रयतां यशः ॥10

हे अग्नि देव। मैं उस दिव्य शक्ति का आह्वान करता हूं जो कि शीघ्र प्रसन्न होती है और मनोवांछित वर देकर भक्तों का उद्धार करती है। मैं उस चर-अचर और समस्त लोकों की देवी को सुगन्धित द्रव्य अर्पण करता हूं।

हे देवी महामाया, मुझ पर तुम्हारी असीम कृपा होगी अगर तुम मुझे मनोकामना, संकल्प-सिद्धि, सत्य वचन का वर दो। मेरे कुल, समाज और घर में सदैव गौ, हाथी, घोड़ा, तरह-तरह की भोजन सामग्री निरन्तर मिलती रहें, जिनके प्रयोजन मैं दान, पुण्य और यज्ञ आदि सत्कर्मों में कर सकूं।

कर्दमेन प्रजाभूता मयि संभव कर्दम।
श्रियं वासय मे कुले मातरं पद्ममालिनीम् ॥11
आपः सृजन्तु स्त्रिग्घानि चिक्लीत वस मे गृहे।
निच देवी मातरं श्रियं वासय ने कुले ॥12

हे कर्दम ऋषि (लक्ष्मी पुत्र), आपके ही कारण इस चराचर धरती पर संसार फल फूल रही हैं। आप ही के पुत्रगण (हमारे पित्रगण) उत्तम संतान

के रूप में मेरे घर में जन्म लें। उस दिव्य देवी का निवास सदा मेरे घर पर रहे जो कमल की माला पहनती हैं।

हे इन्द्र देव, आप कि ही कृपा से उचित वर्षा का आगमन होता है, जिससे कि फल और फूल दोनों ही हमें भोजन प्रदान करते हैं। देवी लक्ष्मी के पुत्र चिक्लीत का मैं आह्वान करता हूं, कि वे मेरे घर में निवास करे साथ में अपनी माता को भी ले आवे।

आद्रां पुष्करिर्णीं पुष्टिं पिङ्गलां पद्ममालिनीम्।
चन्द्रां हिरण्मयीं लक्ष्मीं जातवेदो म आवाह॥13
आर्द्रां यःकरिणी यष्टिं सुवर्णां हेममालिनीम्।
सूर्यां हिरण्मयीं लक्ष्मीं जातवेदो म आवाह॥14

हे अग्नि देव। मैं उस दिव्य शक्ति का आह्वान करता हूं जिनके दिक्पाल हाथी हैं, जो जल से भरे कलशों को सूंड में उठाये अभिषेक करती हैं। मैं उस दयालु, चर-अचर जीव पदार्थों की स्वामिनी का आह्वान करता हूं, जो पीले स्वर्ण गौर अंगों वाली, दिव्य कमलों की माला धारण करने वाली, दिव्य और आभामय गहने से सजी हुई हैं। मैं उस दिव्य शक्ति का आह्वान करता हूं।

हे दिव्य देवदूत। मैं उस त्रिलोक स्वामिनी का आवाह्न करता हूं जो सदा करूणामयी अकारण दया बरसाने वाली, दुष्टों को दण्ड देने वाली, चर-अचर सभी जीव जंतुओं को जन्म देने वाली शक्ति का मैं सदैव नमन करता हूं और प्रार्थना करता हूं कि वे मेरे घर पर निवास करें।

तां म आवह जातवेदो लक्ष्मीमनपगामिनीम्।
यस्यां हिरण्यं प्रभूतं गावो दारयोऽश्वान् विन्देयं पुरुषानहम्॥15

हे अग्नि देव, मुझ पर आपकी असीम कृपा होगी अगर देवी महालक्ष्मी मेरे घर पर पधारे, जिनके आगमन से ही मैं धन, गौ, नौकर, घोड़ों और सहायकों से परिपूर्ण हो जाऊंगा।

ॐ महालक्ष्म्यै च विदमहे विष्णुपत्नयै
च धीमहि, तन्नो लक्ष्मी : प्रचोदयात्।
ॐ शान्तिः शान्तिः शान्तिः

हम महालक्ष्मी को भगवान विष्णु की पत्नी के रूप में ध्यान करते हैं। हे भगवते हमें सत् मार्ग दिखायें और सत् कर्म ही करायें।

श्री सूक्तम् धन-संपदा की देवी श्री लक्ष्मी के आह्वान का एक सुंदर व प्रभावशाली तरीका है। घरों, मंदिरों और अन्य धार्मिक स्थलों में उनके आह्वान के लिए उनके यंत्र श्री यंत्र का आश्रय लिया जाता है। वास्तव में श्री सूक्तम् लक्ष्मी जी का विशद् वर्णन है और जो व्यक्ति प्रतिदिन पूरे मनोयोग से इसका पाठ करता है उसे विश्व की प्रत्येक संपदा प्राप्त होती है तथा लक्ष्मी जी सदा-सदा के लिए उसके घर में विराजमान रहती है।

श्रीयंत्र – रचना की विधि

चरण–*1* प्रारंभ

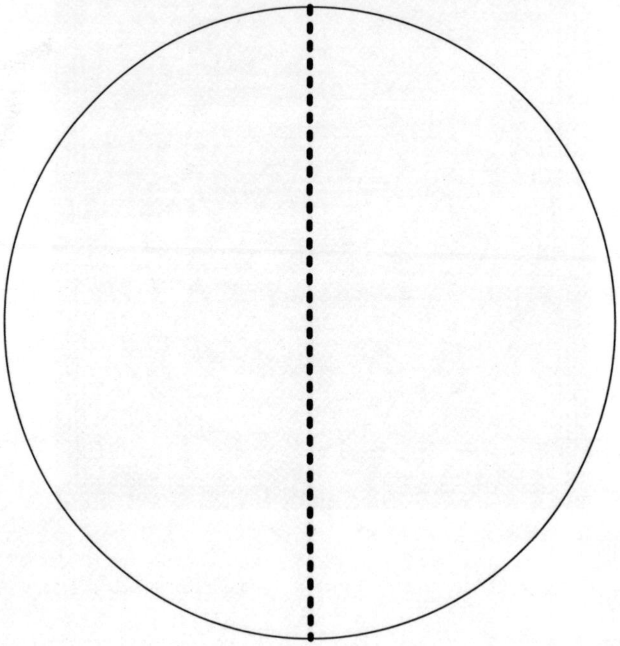

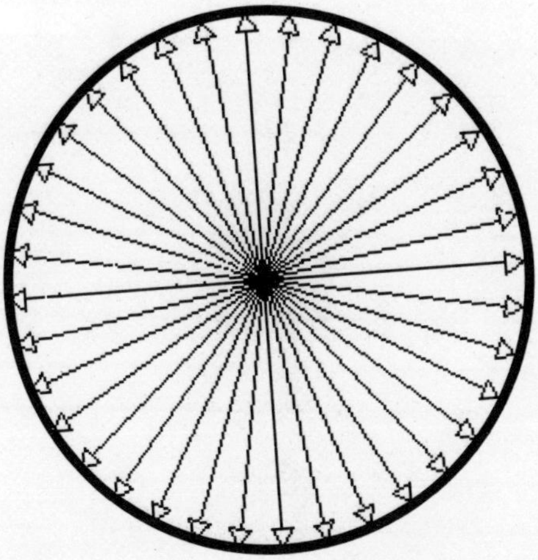

किसी भी यंत्र की मूल आकृति वृत्ताकार होती है क्योंकि वृत्त सृष्टि एवं विकास की प्रक्रिया का द्योतक होता है। जैसा कि पहले बताया जा चुका है कि शिव लिंग भी ऊपर से देखने पर बिंदु या वृत्त के रूप में दिखाई देता है। यह एक सार्वभौमिक ज्यामितिय प्रतीक है जिसकी अपनी स्वयं की दिव्य क्षमताएं होती हैं।

श्री यंत्र को बनाने के लिए सर्वप्रथम एक वृत्त बनाएं। फिर उसके केंद्र बिंदु से एक काल्पनिक सरल रेखा खींच कर उसे दो भागों में विभाजित कर दें।

चरण–2 दुर्वहनीय

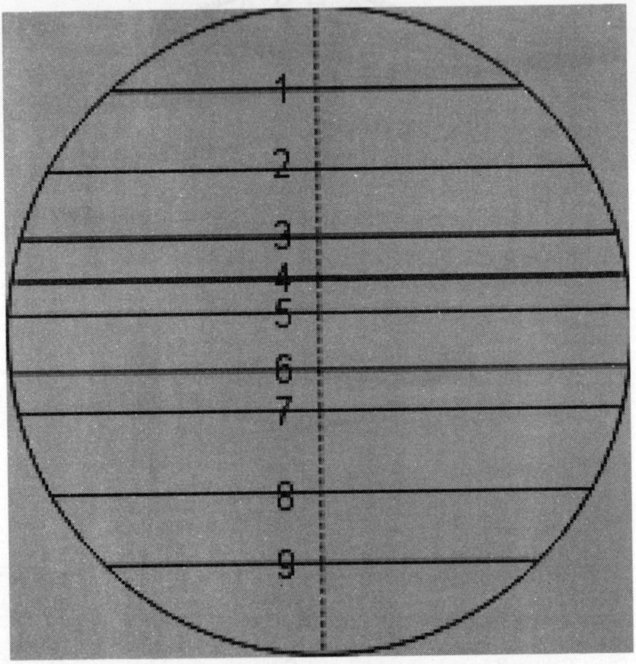

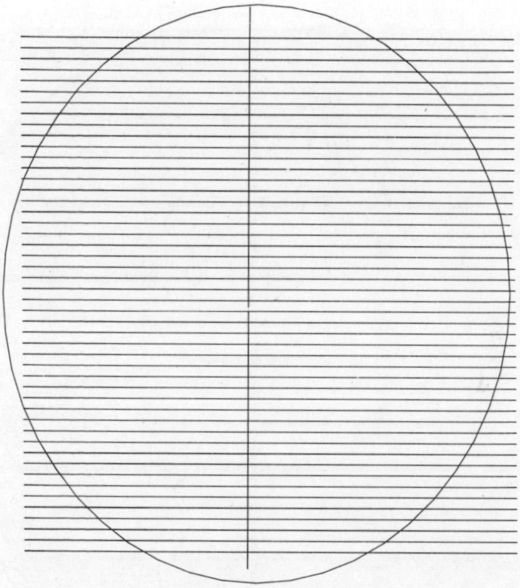

अब चरण-एक के अंतर्गत बनाए गए वृत्त को समान 48 भागों में विभाजित करें।

अब ऊपर से नीचे की ओर 6ठें, 12वें, 17वें, 20वें, 23वें, 27वें, 30वें, 36वें तथा 42वें भाग को चिन्हित करें।

इन नौ बिंदुओं से हमें दिव्य श्री यंत्र बनाने में सहायता मिलेगी।

इन नौ बिंदुओं पर रेखाएं खींच कर ऊपर से नीचे की ओर 1-9 अंक दें।

चरण–*3* अनेक गणनाएं

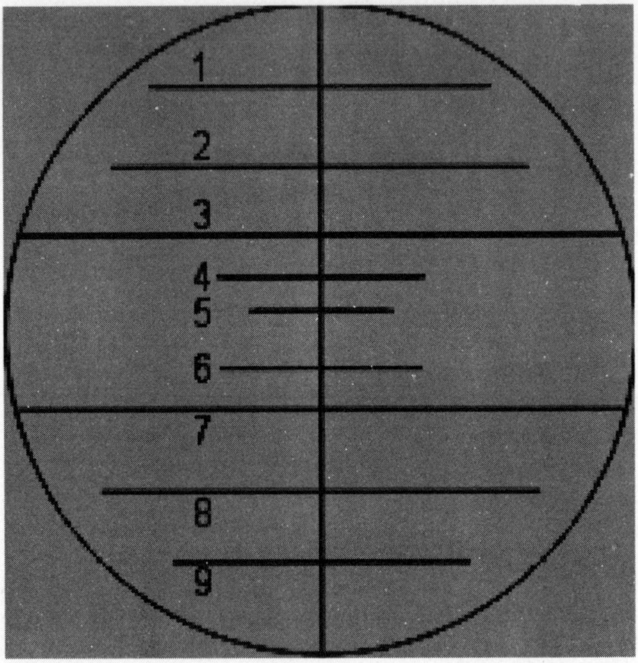

इस चरण को पूरा करने के लिए आपको फुट और केलकुलेटर की जरूरत पड़ेगी।

प्रत्येक 10 से.मी. पर दोनों ओर की रेखाओं की दशाई गई दूरी को मिटा दें।

1. 0.625 (0.63) से.मी.
2. 1.042 से.मी.
3. 0.00 से.मी.
4. 3.33 से.मी.
5. 3.75 से.मी.
6. 3.33 से.मी.
7. 0.00 से.मी.
8. 0.83 से.मी.
9. 0.625 (0.63) से.मी.

आप जितनी ही भली प्रकार दूरी को मिटाएंगे उतना ही बेहतर श्रीयंत्र बनेगा।

चरण–4 आसान क्रिया

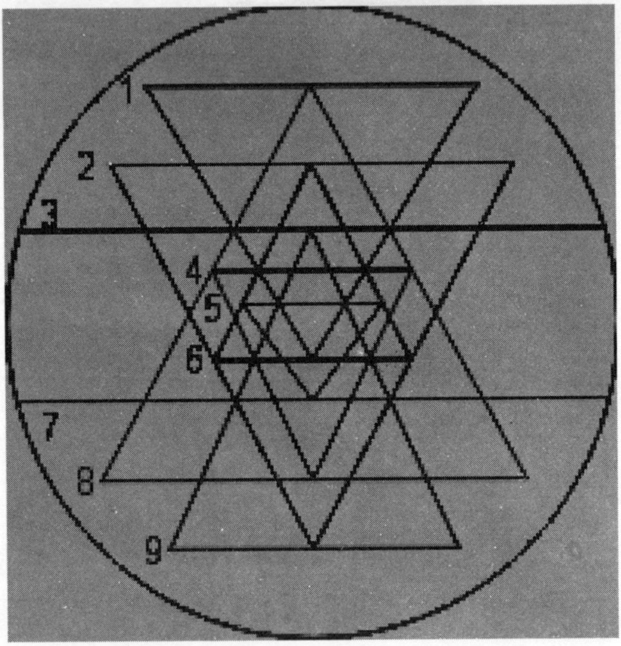

इस चरण के कार्य को करने के लिए भी आपको स्केल की जरूरत पड़ेगी। 1 से 9 तक की रेखाओं के केंद्र बिंदु को चिन्हित करें।

अब 1, 2, 4, 5, 6, 8 व 9 को आधार मान कर तथा रेखा 6, 9, 8, 7, 2, 1 और 3 के केंद्र बिंदुओं को योजक बिंदु मान कर त्रिभुजों को बनाएं।

चरण–5 कुछ इसी जैसा

चरण-4 को पूरा करने के बाद दो त्रिभुज और बनाएं।

इन त्रिभुजों के लिए रेखा क्र. 3 व 7 को आधार बनाएं तथा चरण-एक के व्यास शीर्ष बिंदु होंगे। तीसरी रेखा के लिए निचला आधार शीर्ष बिंदु होगा जबकि 7वीं रेखा के लिए यह ऊपरी शीर्ष बिंदु होगा।

क्या आप श्रीयंत्र जैसी ही आकृति को बनते नहीं देख रहे हैं। मगर शेष चरणों के पूरा होने तक इंतजार कीजिए। आप खुशी से उछल पड़ेंगे।

चरण-6 माते, कृपा कीजिए

अब सबसे अंदर का छोटा त्रिभुज खोज कर उसके ठीक मध्य में एक छोटा सा बिंदु लगाएं।

इस बिंदु से यंत्र को ऊर्जास्वित करने में सहायता मिलेगी और साथ ही लक्ष्मीज़ी की दिव्य कृपा दृष्टि भी यंत्र पर होगी।

टिप्पणी :

उपरोक्त चित्र ध्यान केंद्रित करने तथा सम्मोहक क्षमताएं विकसित करने में लाभदायक रहेगा।

यंत्र के ऊपरी भाग से मध्य के बिंदु की ओर या यंत्र के आधार से बिंदु की ओर प्रतिदिन 5 मिनिट तक ध्यान केंद्रित करने से एक मास के अंदर आपकी ध्यान क्षमता बढ़ जाएगी।

इस यंत्र को अध्ययन-टेबल के बाएं कोने या कार्यस्थल पर रखने से आपकी परियोजनाओं में सहायता मिलेगी।

नियमित रूप से यंत्र के सम्मुख निम्न मंत्र का पाठ करने से आर्थिक व स्वास्थ्य संबंधी समस्याएं खत्म हो जाएंगी —

मंत्र — ॐ दुं दुर्गाय नमः

चरण–7 मां आशीर्वाद दो।

आपने कुल कितने त्रिभुज बनाएं?

कुल 43 त्रिभुज बने हैं तथा 4 व 3 का योग है – सात सात की संख्या एक अनूठा अंक है जिसे संपूर्ण विश्व में सौभाग्यशाली माना जाता है।

सात इतना अनूठा क्यों है?

- सात सागर हैं
- सात महाद्वीप हैं
- सप्ताह में सात दिन होते हैं
- संगीत में सात स्वर होते हैं
- मूल रंग सात हैं
- नरक की सात परतें या दरवाजें हैं
- स्वर्ग की भी सात परतें या द्वार हैं
- मानवीय रूप से सात जन्म होते हैं
- सात प्राचीन संत हुए हैं
- प्रमुख चक्र-सात (शरीर के शक्ति केंद्र)
- प्रमुख तत्व–सा (पृथ्वी, अग्नि, जल, वायु, आकाश, आत्मा, मेधा)

उपरोक्त तथ्यों से पता चलता है कि निर्मित यंत्र स्वयं सृष्टि से बना है।

चरण–8 आठ पंखुड़ियों वाले कमल की धरा

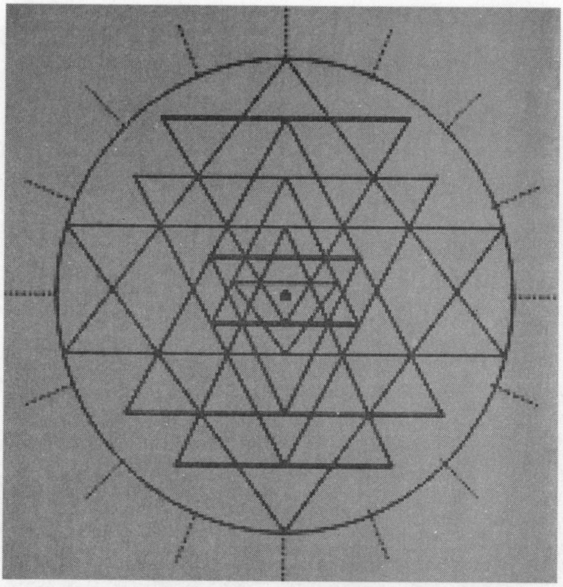

ऊपर चित्र में दर्शाए गए अनुसार परिधि पर सम दूरी के 16 बिंदुओं को चिन्हित करें।

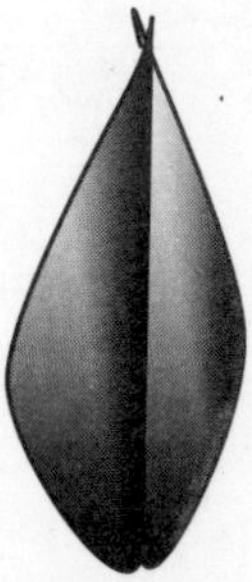

अब बिन्दुओं के शीर्ष बिंदुओं को पाश्वों के बिन्दुओं के आधार के साथ मिलाएं।

जैसे ही वे मिलेंगे तो वे पंखुड़ी का आकार ले लेंगे। इसी प्रक्रिया को अन्य बिंदुओं पर भी दोहराएं। यों कमल की आठ पंखुड़ियां बनेंगी। ये पंखुड़ियां साधक द्वारा प्राप्त की जाने वाली आठ सिद्धियों का प्रतीक होती हैं।

चरण-9 सोलह द्वारों की भूमि

चरण-8 के बाद आठों पंखुड़ियों की नोकों को स्पर्श करता एक वृत्त बनाएं। चरण-8 की प्रक्रिया को दोहराए किंतु इस बार बाहरी वृत्त को कम दूरी के 32 बिंदुओं में विभक्त करें।

इस प्रक्रिया के पूरा होने पर चरण-8 की भांति ही पंखुड़ियों की आकृति पुनः बनाएं। इस प्रक्रिया के समाप्त होने पर 16 पंखुड़ियों वाला कमल का फूल बनेगा।

टिप्पणी :

16 पंखुड़ियां (1+6 = 7)

चरण–10 क्या हम वहा हैं???

चरण–9 के बाद इस चरण में 16 पंखुड़ियों के चारों तरफ एक गोला बनाएं।

वृत्त (16 पंखुड़ियों के मुख्य वृत्त) के ऊपर दो वृत्त और बनाएं पर ध्यान रहे तीनों वृत्त के मध्य अंतर समान रहे।

यह यंत्र के भली प्रकार से शक्तिवान होने तथा ऊर्जाओं के उस में सीलबंद होने का द्योतक होता है।

चरण–11 दीर्घ यात्रा

बाहरी वृत्त से सम दूरी पर तीन वर्ग बनाएं तथा सबसे अंदरूनी वर्ग को वृत्त के बाहरी किनारों का स्पर्श नहीं करना चाहिए।

दूसरे चरण में सावधानी पूर्वक चारों दिशाओं में चार द्वार बनाएं। प्रत्येक द्वार में दोनों ओर सम-दूरी रहनी चाहिए।

चारों मिटाए गए क्षेत्रों में चित्र में दर्शाए गए अनुसार अंग्रेजी वर्ण टी (T) के आकार के जोड़ बनाएं।

चरण-12 लक्ष्य प्राप्त हो गया है।

12 चरणों की आसान पद्धति अनुसार आपने श्री यंत्र बना लिया है।

इस यंत्र के साथ आपको हमारी ढ़ेरों शुभकामनाएं। वैसे तो बाजार में यद्यपि बने-बनाए श्री यंत्र मिलते हैं किंतु यह वास्तविक एवं ज्यादा प्रभावशाली है।

फिराऊन की धरती के फोटोग्राफ

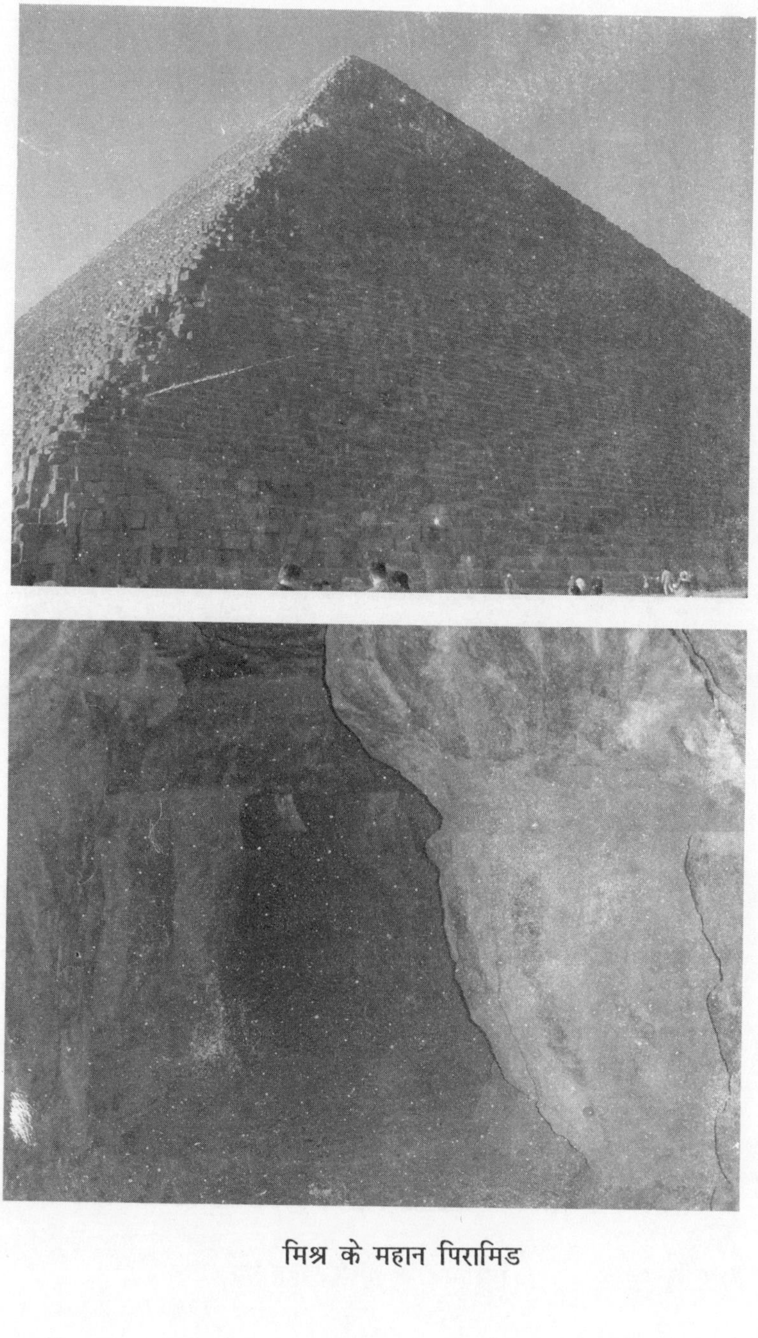

मिश्र के महान पिरामिड

पिरामिड के अंदर जाता एक रास्ता

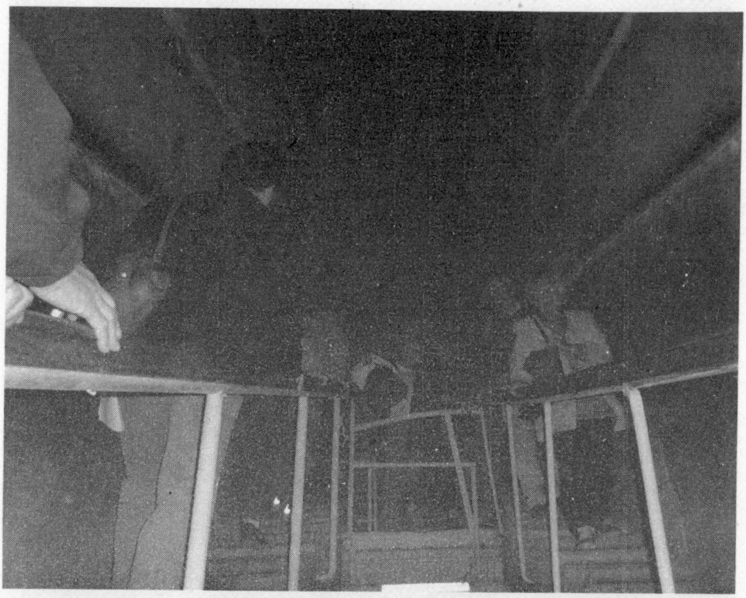

नाबूत/फिराऊन के दफनाने का स्थान

पिरामिड के विभिन्न दृश्य

सीढ़ियों वाला पिरामिड

महान पिरामिड

गिजा की पठार पर स्थित मिश्र का महान् पिरामिड।

संरचनात्मक आंकड़े

ऊंचाई — 450 फीट

आधार — 755 फीट

पत्थरों की संख्या — 22 एकड़ के शिला खंड

कोण — 30 डिग्री × 30 डिग्री अक्षांश और देशांतर

पत्थरों का वजन — ढ़ाई टन (औसत)।

स्फिन्क्स (नारसिंही मूर्ति)

66 फीट ऊंचा और 240 फीट लम्बा यह निर्माण भी इंजीनियरिंग का एक चमत्कार है। प्राचीन काल के इस महान् स्मारक का मुख पूर्व की ओर है ताकि उदित सूर्य की प्रथम किरणों को देख से तथा रात्रि में उगते नक्षत्रों का प्रथम दर्शन कर सके।

इसकी नाक तथा 11 फीट लंबी दाढ़ी को नेपोलियन किसी प्रकार तोड़ कर अपने साथ स्वदेश ले गया था।

रात में काहिरा का दृश्य

188 से.मी. लंबी तथा 110.4 कि. ग्रा. वजन वाली यह मूर्ति ठोस सोने से निर्मित है। इस ताबूत में योऊन फिराऊन की ममी थी जिस पर प्रसिद्ध मुखौटा था। यह इसके अंदर के एक दूसरे ताबूत में रखी थी। यह ताबूत वैसे तो लकड़ी का बना था मगर उस पर सोने की पत्तियां मढ़ी थी। इसका सब से बाहरी ताबूत भी इसी प्रकार सोने की पत्ती मढ़ा था।

इस ठोस सोने से बना टूटानखामेन का मुखौटा प्रत्यक्ष रूप से फिराऊन की ममी पर रखा गया था तथा उसका कार्य जादुई रूप से रक्षा करना था।

इस खूबसुरत वस्तु का वजन 10 कि.ग्रा. है तथा उस अर्द्ध कीमती पत्थरों और रंगीन कांच के लेप से सजाया गया था। फिराऊन को शास्त्रीय ढ़ंग से दर्शाया गया है, समारोह वाली दाढ़ी और विभिन्न नग जड़ी 12 लड़ियों वाला चौड़ा गरेबान। मुखौटे के माथे पर शाही चिन्ह तथा गिद्ध का सिर है।

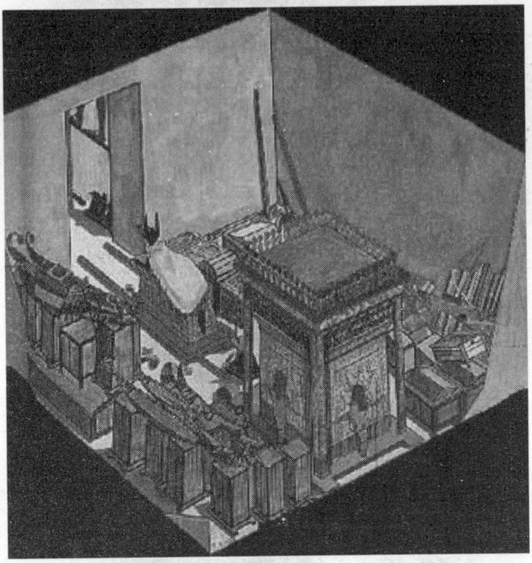

टूटान खामेन का खजाना

टूटान खामेन को दफनाने का कमरा

पिरामिड शक्ति
का
रोजाना उपयोग

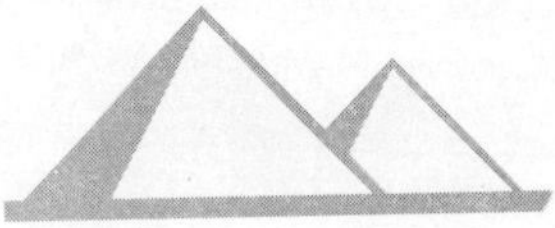

रिक्त शक्ति (BLANK ENERGY)

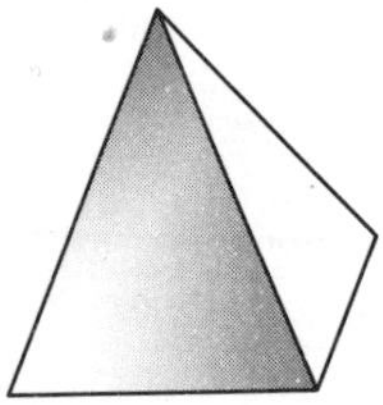

(घर की ऊर्जा के विकास की तकनीक)

ध्यान के लिए वांच्छित वस्तुएं

- लेटने के लिए कालीन/गलीचा
- एक छोटा पिरामिड

ध्यान की प्रक्रिया

❖ जिस कमरे में चिंतन–मनन करना हो उसका मध्य स्थान तलाशे। फिर वहां कालीन बिछा कर उस पर लेट जाएं।

टिप्पणी : **मस्तक को हमेशा उत्तर दिशा की ओर होना चाहिए।**

❖ पिरामिड को अपने पेट पर इस प्रकार रखें कि उसका एक पार्श्व उत्तर दिशा में रहे अर्थात् अन्य पार्श्व पश्चिम, पूर्व तथा दक्षिण में होंगे।

❖ अपने नेत्रों को बंद कर दोनों हथेलियां पिरामिड पर रखें। (कृपया पिरामिड की चोटी को न ढकें)

❖ कुछ बार गहरी श्वसन क्रिया कर कल्पना करें कि चमकीला श्वेत सार्वभौमिक प्रकाश आपके पूरे शरीर को ढक रहा है।

❖ मानसिक रूप से सारे कमरे, वहां रखे फर्नीचर तथा शेष सामान की कल्पना करें।

❖ कल्पना करें कि श्वेत प्रकाश शीर्ष चक्र में प्रवेश कर नीचे की ओर कंठ चक्र से हृदय चक्र की ओर जा रहा है। ***"श्वेत प्रकाश चिंतन करें"***

- सांस हो रोकें तथा शरीर के प्रत्येक भाग से इस ऊर्जा को खींच कर पेट तक लाएं और पिरामिड के जरिए उसे बाहर निकल जाने दें।
- पिरामिड को तब तक ऊर्जा की पूर्ति करते रहें जब तक आपको यह अनुभव न हो कि वह ऊर्जा नहीं ले रहा है।
- ऊर्जस्वित होने के लिए मानसिक तौर पर प्रार्थना करें।
- इससे पिरामिड का ऊर्जस्वीकरण समाप्त हो जाएगा।

पहली बार पिरामिड के माध्यम से ऊर्जा भेजना

- पिरामिड को उदर पर रख दोनों हथेलियों से उसके पार्श्वों को स्पर्श करें, शीर्ष को नहीं।
- कल्पना करें कि एक श्वेत दिव्य बादल पिरामिड सहित आपके दूरे शरीर को ढ़क रहा है।
- इस बादल को पिरामिड सहित अपने शरीर में इस प्रकार मिल जाने दें कि शक्ति का प्रवाह बहुआयामी हो जाए। आप जब भी शक्ति को खींचे तो पिरामिड भी खींचे और जब आप शक्ति को छोड़े तो पिरामिड भी छोड़े।
- इच्छा की कल्पना करें तथा उसे पिरामिड में मिल जाने दें, इच्छा का मानसिक रूप से नौ बार पाठ करें ताकि ऊर्जा का चक्र पूरा हो जाए।

यह पिरामिड फिर ऊर्जा को सारे कमरे में पुनःप्रेषित करेगा और ऊर्जा शुद्धिकरण कर सारे कमरे को ऊर्जामय कर देगी।

टिप्पणी : पिरामिड को नियमित तौर से कम से कम एक मास तक ऊर्जा दें।

नोट : नियमित तौर पर इस ध्यान का अभ्यास करने पर पिरामिड आपकी शक्ति को समझ जाएगा और उससे कमरे को उर्जस्वित होने देगा। लगातार एक मास यह अभ्यास करने के बाद पिरामिड को कमरे के उत्तरी कोने में रख दें। आप अनुभव करेंगे कि अन्य कमरों की तुलना में उस कमरे में ऊर्जा ज्यादा सकारात्मक है।

कार्यालय में आराम और पुनर्यौवन का तरीका

अपने कार्यालय में विभिन्न समस्याओं का सामना करने वाले स्त्री-पुरुषों के लिए यह आसान कर सकने योग्य चमत्कारिक हल है।

जब भी आपको तनाव बढ़ता नजर आए तो कार्यालय के किसी शांत व एकांत स्थान पर जा कर कुर्सी पर आराम से बैठ जाएं।

आंखों को बंद कर गर्दन को कुर्सी से लगा दें और कुछ बार गहरा श्वास-नि:श्वास लें। फिर मुंह को आंशिक रूप से खोल लें। इससे तनाव काफी हद तक दूर हो जाएगा। अपने जबड़ों, कंधों, गर्दन, भुजाओं एवं हाथों, धड़, कूल्हों, टांगों व पंजों को शिथिल करें।

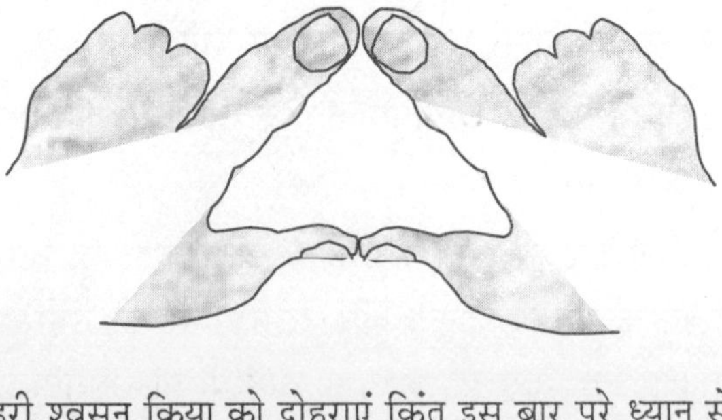

गहरी श्वसन क्रिया को दोहराएं किंतु इस बार पूरे ध्यान से सांस लें जितनी देर संभव हो उसे रोके रखें (सांस ना घोंटे बल्कि असुविधा होने पर नि:श्वास लें)। फिर मुंह के द्वारा धीरे-धीरे पूरी तरह नि:श्वास छोड़े।

इस प्रक्रिया को फिर पांच बार दोहराएं। शुरूवात में आप दो बार भी कर सकते हैं।

अपने दोनों हाथों की तर्जनी ऊंगली व अंगूठे को आपस में इस प्रकार मिलाएं कि वे त्रिभुज की आकृति बनाए। इसी मुद्रा में पांच मिनिट बैठे रहें। इससे आप स्वयं को दुनियां का मुकाबला करने के लिए नई ऊर्जा से भरा पाएंगे।

पिरामिड टोपी

यह तकनीक अत्यंत शक्तिशाली है और बच्चों के लिए तो विशेष उपयोगी है क्योंकि यह उनकी ध्यान केंद्रित करने व मनन करने की क्षमता को बढ़ाती है। विश्व के अनेक भागों के साथ-साथ आज भारत में भी पिरामिड टोपी काफी प्रसिद्ध हो गई है।

ये टोपियां प्लास्टिक, गत्ते या कागज से बनाई जाती है। अगले अध्याय में मैंने ऐसी टोपियां स्वयं बनाने का तरीका विस्तार से समझाया है। केवल ध्यान रखने वाली विशेष बात यह है कि पिरामिड का आकार वांच्छित परिणाम को समानुपाती होना चाहिए।

पिरामिड टोपी के उपयोग क्या-क्या हैं?

- अध्ययन के लिए
- गणना से जुड़ी किसी महत्वपूर्ण परियोजना पर कार्य
- तनाव एवं अन्य भावनात्मक समस्याओं के हल के लिए।

टोपी का उपयोग कैसे करें?

- "बैंगनी प्रकाश चिंतन" में बताए गए अनुसार पिरामिड को ऊर्जस्वित करें।
- उत्तर-दक्षिण दिशा के समानांतर टोपी को मस्तक पर रखें।
- उपयोग के बाद पिरामिड को किसी सुरक्षित स्थान पर रखें।

महत्वपूर्ण : किसी दूसरे की पिरामिड टोपी का उपयोग दूसरे व्यक्ति को नहीं करना चाहिए।

पिरामिड – पिरामिड संरचना
(बहुउपयोगी पिरामिड संरचना)

बहुत से स्त्री–पुरुषों का यह विश्वास होता है कि कुछ आकृतियां और डिजाइन बनाने से उनके घर में सकारात्मक ऊर्जा बढ़ जाती है इसीलिए वे अपने घर के आसपास विशेष डिजाइन और आकृतियां बनवाना पसंद करते हैं। मैं एक ऐसी ही बहुउपयोगी एवं शक्तिशाली संरचना का सुझाव दूंगा। इसका पता मुझे अचानक तब चला था जब मैं एक दंपत्ति को वास्तु दोष का बता रहा था।

इस शक्तिशाली पद्धति की संरचना को मैं *पिरामिड्स – पिरामिड संरचना* कहता हूं।

- ➤ इस संरचना के लिए प्लास्टिक या धातु के बने 10 छोटे पिरामिड चाहिए।
- ➤ फिर चित्र में दर्शाए गए अनुसार पिरामिड की आकृति के अनुरूप एक पिरामिड पर दूसरा पिरामिड रखते जाइए।

- अब ***श्वेत प्रकाश चिंतन*** एवं ***बैंगनी प्रकाश तकनीक*** दोनों पद्धतियों को करें।
- अब संरचना अधिकारिक और व्यक्तिगत उपयोग के लिए तैयार है।

संरचना का उपयोग कैसे करें?

- इस पिरामिड संरचना को उत्तर–दक्षिण दिशा के समानांतर रखने से घर में समृद्धि बढ़ती है जबकि घर के अंदर पश्चिम दिशा में रखने पर वित्तिय लाभ होता है।
- इस पिरामिड संरचना को पूर्वाभिमुखी रखने से वास्तु दोष दूर हो कर सकारात्मक ऊर्जा बढ़ती है।
- यदि इस संरचना को अध्ययन का काम करने की टेबल की पश्चिम दिशा में रखा जाए तो ध्यान केंद्रित करने की शक्ति बढ़ जाती है और उत्पादन कई गुणा बढ़ जाता है।
- अगर इसके सम्मुख मेडिटेशन किया जाए तो व्यक्ति शीघ्र गहराई में पहुंच जाता है।
- फ्रिज में रखी गई सब्जियों की बदबू इस संरचना से दूर हो जाती है।
- पूजा घर में रखने पर सारे घर में सकारात्मक ऊर्जा बढ़ जाती है।

नोट :

- इस संरचना को रेडियो/टेलीविजन के समीप न रखें बर्ना यह सर्किट को ओवर चार्ज कर उन्हें छति पहुंचा देगा।
- संरचना का उपयोग पिछवाड़े हिस्से में न करें वर्ना यह सकारात्मक ऊर्जा के प्रवाह को घटा कर नकारा ऊर्जा के प्रवाह को बढ़ा देगा।

श्वेत प्रकाश मेडिटेशन

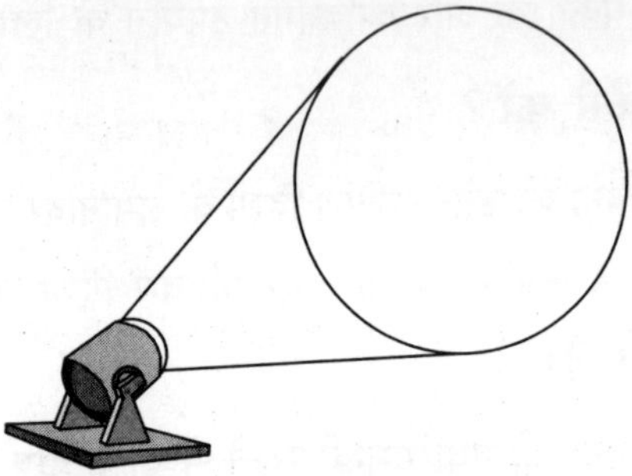

यह मेडिटेशन आपकी मानसिक शक्तियों को एक ऐसे स्तर पर ले आएगा जहां से शक्ति के उच्च स्तरों से संबंध बनाने का प्रयास करेंगी।

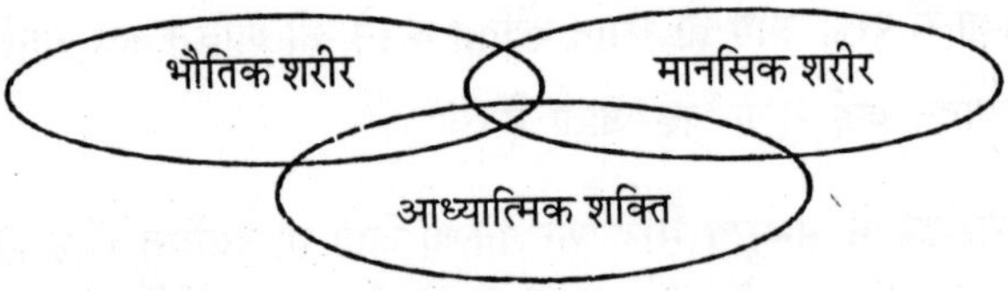

इस मेडिटेशन का उद्देश्य आपकी संचेतना को भौतिक स्तर से मानसिक स्तर तक लाना है जिससे कि वह ऊर्जा को आध्यात्मिक शक्ति के स्तर तक ले जाए।

इसे करने का तरीका यह है कि स्वयं को ब्रह्मांडिय ऊर्जा के हवाले कर दीजिए। किंतु इसमें एक समस्या यह है कि जब आप स्वयं को ब्रह्मांडिय ऊर्जा के सुपुर्द करते हैं तो वहीं आप नकारात्मक शक्तियों के संपर्क में भी आते हैं। यह तकनीक पिरामिड की आंतरिक शक्तियों पर काम करती है ताकि आपकी भी आंतरिक शक्ति कई गुणा बढ़ सके।

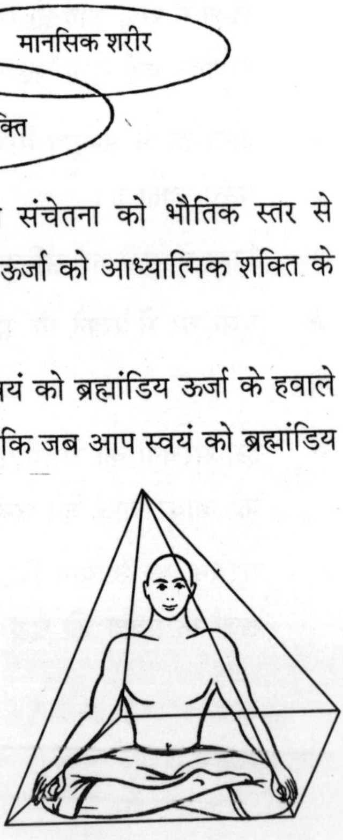

तकनीक को करने की प्रक्रिया :

आराम से बैठ कर अपने सम्मुख एक छोटा पिरामिड रखिए। यही पिरामिड मेडिटेशन के द्वारा उत्पन्न होने वाली सभी शक्तियों का केंद्र होगा।

अपने नेत्रों को बंद कर अपने दोनों हाथों को पिरामिड पर रखिए तथा कल्पना कीजिए कि श्वेत प्रकाश आपके मस्तिष्क के द्वारा सारे शरीर में प्रवाहित होता आपके व पिरामिड के चारों तरफ होगा (Cocoon) का निर्माण कर रहा है।

इसके उपरांत कल्पना कीजिए कि ब्रह्मांडिय ऊर्जा में पिरामिड का आकार बढ़ रहा है और वह तब तक बढ़ता जाता है जब तक कि आपको पूरा नहीं ढ़क लेता।

उस ऊर्जा को अपने शरीर में ऊपर से नीचे तक निरंतर प्रवाहित होने दीजिए। एक निश्चित समय के बाद आपको ऐसा अनुभव होगा कि जैसे ऊर्जा आपके मस्तक के ऊपर एक गांव के रूप में एकत्रित हो रही है।

इस विधि का नियमित रूप से अभ्यास करने से आपको अपने शरीर के चारों तरफ ऊर्जा का कोया महसूस होगा जो कि नियमित और सतत आधार पर कसता जाएगा। ऊर्जा का यह कसाव जीवन भर के लिए आपके भौतिक शरीर का एक भाग बन जाएगा तथा आपको निरंतर शक्ति प्रदान करता रहेगा।

इस बात की भी पूरी संभावना है कि प्रारंभ में आप को ऊर्जा के प्रवाह का अनुभव न हो किंतु अभ्यास, मेडिटेशन एवं चिंतन से शीघ्र ही आप को उसकी अनुभूति होगी।

अभ्यास को करने की समयावधि ऊर्जा के प्रवाह पर निर्भर करती है। साधक को ऊर्जा का प्रवाह अनुभव होने तक इस तकनीक का अभ्यास करना चाहिए और जैसे ही ऊर्जा का प्रवाह रूक जाए उसे पूरी श्रद्धा के साथ ऊर्जा का अहसास प्रगट करना चाहिए तथा मेडिटेशन की प्रक्रिया को खत्म कर देना चाहिए

महत्वपूर्ण :

1. अगर मेडिटेशन के दौरान आप को काले प्रकाश या बादल के रूप में नकारात्मक शक्तियां अनुभव हो तो ध्यान को रोक कर थोड़ी देर के बाद पुनः प्रारंभ करें। लेकिन मेडिटेशन रोकने से पहले अपने हाथों को अपने सम्मुख × के आकार में तीन बार घुमाएं ताकि नकारात्मक शक्तियों से आपकी रक्षा हो सके। पुनः प्रारंभ करने से पूर्व पिरामिड को शुद्ध करें।
2. अगर आपको प्रारंभ में प्रकाश सौर ऊर्जा की अनुभूति नहीं होती है तो फिर धैर्यपूर्वक साधना करते रहें। शीघ्र ही आप को ऊर्जा के प्रवाह की अनुभूति होगी।

बैंगनी प्रकाश–पुंज की विधि

यह साधना भी **श्वेत प्रकाश मेडिटेशन** जैसी ही है किंतु इस विधि में बैंगनी प्रकाश की शक्ति प्रमुख होती है तथा ऊर्जा का स्थानांतर सार्वभौमिक ऊर्जा से पिरामिड में नहीं होता बल्कि यह अंतरिक्षीय शक्तियों से सीधा साधक में होता है।

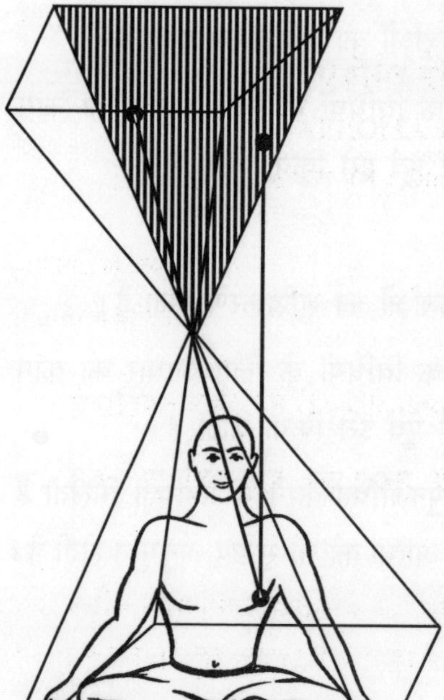

इस मामले में अंतरिक्षीय शक्तियों की ऊर्जा चक्राकार आकार में उल्टें पिरामिड़ के रूप में आती है।

आरामदायक स्थिति में बैठ कर अपने नेत्रों को बंद कर लें तथा दोनों हाथों को पिरामिड के पाश्वों पर रखें।

कल्पना करें कि आप का शरीर आकाश तक फैले हुए पिरामिड के अंदर है।

एक दूसरी कल्पना और करें कि एक उल्टा पिरामिड आप के मस्तक पर है। पिरामिड का आधार आसमान की ओर है तथा उसका शीर्ष जिस पिरामिड में आप बैठे हैं उसके शीर्ष को स्पर्श कर रहा है।

अब कल्पना करें कि चमकीला बैंगनी प्रकाश चक्राकार रूप में उल्टे पिरामिड से छन कर आपके मस्तक में प्रवेश कर रही है। इस दिव्य बैंगनी प्रकाश की ऊर्जा को अपने अंग-प्रत्यंग में अनुभव करें तथा शरीर के प्रत्येक कोष को ऊर्जस्वित होता महसूस करें। यह बैंगनी प्रकाश मस्तक से हृदय तक मध्य से सभी अंगों को पार कर आता है।

इस ऊर्जा को अपने हृदय से बाहरी तौर पर फैल कर उस पिरामिड पर छा जाने दें जिसमें आप बैठे हैं। इस दिव्य बैंगनी प्रकाश में 10-15 मिनिट के लिए बैठे तथा स्वयं को ताजगी भरा अनुभव करें।

संकेत :

(क) इस विधि द्वारा नकारात्मक ऊर्जाओं का शुद्धिकरण होता है।

(ख) यह विधि बहुत सी रहस्यात्मक विधियों के लिए आधार का काम करती है अर्थात् उन्हें करने से पूर्व इसे किया जाता है।

लाभ :

(क) इस विधि द्वारा नकारात्मक ऊर्जाओं का शुद्धिकरण होता है।

(ख) यह विधि बहुत सी रहस्यात्मक विधियों के लिए आधार का काम करती है अर्थात् उन्हें करने से पूर्व इसे किया जाता है।

(ग) बैंगनी प्रकाश मृत कोषों को पुनर्जीवित करने में सहायता मिलती है तथा सारे शरीर के साथ-साथ आत्मा को भी सुखद् अनुभूति होती है।

इच्छा यंत्रों की चमक

प्राचीन काल से इंसान की जरूरतें बदलती रही हैं। प्राचीन काल में उसकी ये जरूरतें केवल अच्छे स्वास्थ्य, भरपूर शिकार व अच्छे खान-पान व परिवार तक सीमित थी। किंतु वक्त गुजरने के साथ-साथ इस सूची में संपदा, सत्ता, यश एवं छोटे-बड़े भौतिक सुख शामिल होते गए और आज यह सूची इतनी विशाल बन चुकी है कि उसे आंकना मुश्किल है।

इच्छाओं के बढ़ने के साथ जरूरत अनुसार उन्हें पूरी करने के लिए भी बहुत सी विधियां विकसित हुईं और इन्हीं में से एक विधि है — इच्छा यंत्र की।

इच्छा यंत्रों के रूपों तथा उनके उपयोग की विधि के बारे में प्राचीन काल के अनेक संदर्भ मिलते हैं। प्रस्तुत विधि प्रारंभिक काल में अमीर व समृद्ध व्यक्तियों में अत्यंत प्रसिद्ध थी। अनेक भारतीय तांत्रिकों को इस विधि का पता था तथा वे उपयोगकर्ता की प्रत्येक इच्छा पूरी करवाते थे।

मैंने इच्छाओं को पूर्ण करने वाले कुछ इच्छा-यंत्रों का वर्णन किया है वैसे तो इन्हें बनाने वाली सामग्री का ज्यादा महत्व नहीं होता लेकिन फिर भी काष्ठ, क्रिस्टल, पीतल, चांदी, स्वर्ण तथा पंच धातु पवित्र मानी जाती है।

पिरामिड इच्छा यंत्र

ज्यादातर इच्छाओं को पूर्ण करने का पिरामिड इच्छा यंत्र एक शक्तिशाली उपकरण है तथा इन यंत्रों के अनेक आकार एवं शैलियां हैं। मैंने प्रारंभ में इनकी केवल संक्षिप्त जानकारी दी है तथा आगे जाकर उपयोग का तरीका समझाया है।

पिरामिड इच्छा यंत्र #1

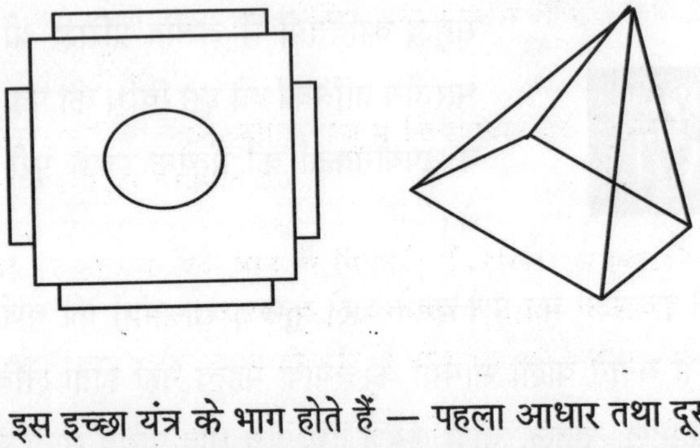

वर्णन : इस इच्छा यंत्र के भाग होते हैं — पहला आधार तथा दूसरा पिरामिड आधार के मध्य में एक छोटा सा खाली स्थान या गव्हर होता है और इस स्थान का उपयोग इच्छाओं को रखने के लिए किया जाता है। फिर पिरामिड से सारे आधार को ढ़क दिया जाता है।

पिरामिड इच्छा यंत्र # 2

वर्णन : इस इच्छा यंत्र के भी आधार व पिरामिड ये दो भाग होते हैं किंतु इसमें अंतर केवल आधार का होता है। यह मूलत: एक चौकोर डिब्बा होता है जिसमें इच्छा रखी जाती है।

पिरामिड इच्छा यंत्र # 3

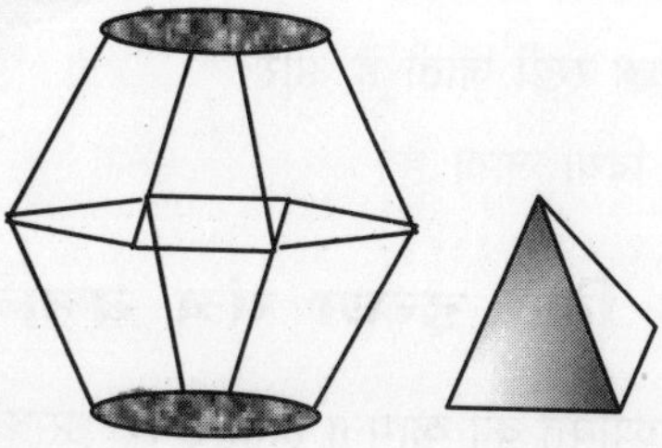

वर्णन : पिरामिड इच्छा यंत्र का यह एक और प्रकार है तथा इसमें दो उपकरण होते हैं। प्रक्ष्य पारदर्शी प्लास्टिक से बना छ: पार्श्वों वाला डिब्बा जिसे मध्य से खोला जा सकता है तथा दूसरा पिरामिड। यह पालिश किए गए हीरे जैसा लगता है। इसके आधार तथा शीर्ष का आधार गोलाकार होता है। आधार पर इच्छा को रख कर पिरामिड से ढ़क दिया जाता है।

पिरामिड इच्छा यंत्र # 4

वर्णन : यह अनूठा इच्छा यंत्र है तथा इसमें नौ पिरामिड ग्रिड के दो अलग-

अलग भाग होते हैं। इच्छा को लिखकर पहले नौ पिरामिडों के ग्रिड के पृष्ठ भाग में रखा जाता है तथा दूसरे नौ पिरामिडों की ग्रिड के पृष्ठ भाग से ढ़क दिया जाता है और फिर लाल धागे से बांध दिया जाता है।

पिरामिड इच्छा यंत्र #5

वर्णन : यह भी एक दूसरा अनूठा इच्छा यंत्र है और इसके भी दो अलग-अलग भाग होते हैं। पहला बड़ा बेलनाकार डिब्बा जिसमें पिरामिड रखा जा सकता है तथा दूसरा पिरामिड। बेलनाकार डिब्बे के आधार पर इच्छा रखी जाती है और पिरामिड से ढ़क दिया जाता है।

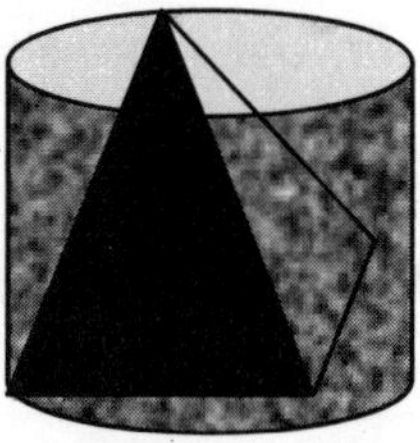

स्वयं के लिए इच्छा यंत्र बनाने की विधि

प्रत्येक व्यक्ति की कामना होती है कि उसकी प्रत्येक इच्छा पूरी हो जाए और वह उसके लिए काम भी करता है। किंतु यदि केवल कठोर मेहनत से ही सभी इच्छाएं पूर्ण हो सकती तो सभी कठोर मेहनल करने वाले व्यक्ति धनी और शक्तिशाली होते। किसी भी इच्छा को पूरी होने के लिए दो चीजों की जरूरत होती है —

(क) **भाग्य :** भाग्य इच्छाओं के पूरी होने में महत्वपूर्ण भूमिका अदा करता है तथा भाग्य व्यक्ति एवं उसके परिवार में कर्मों से बनता है।

(ख) **मेहनत :** मेहनत वह दूसरी महत्वपूर्ण वस्तु है जो भाग्य को पूरा करने के लिए जरूरी होती है। केवल यह कल्पना करना कि मात्र भाग्य इच्छाओं को पूर्ण कर देगा बेबुनियादी बात है। भाग्य को सकारात्मक रूप से तीव्र करने के लिए मेहनत की जरूरत पड़ती है।

इच्छा यंत्र के उपयोग के दौरान स्मरण रखने योग्य महत्वपूर्ण तथ्य :

- आपके प्रश्न की भाषा स्पष्ट होनी चाहिए।
- प्रश्न या इच्छा व्यक्त करते समय मन में अन्य विचार नहीं होने चाहिए।
- प्रश्न स्पष्ट होने चाहिए उनमें शंका व्यक्त नहीं होनी चाहिए जैसे कि 'क्या मैं?'।
- ऐसे प्रश्न कभी न करें जिनका उत्तर स्वयं स्पष्ट हो जाता हो।
- स्वार्थवश कोई इच्छा व्यक्त न करें।
- अन्य व्यक्ति की मंजूरी के बिना उसके लिए कोई इच्छा न करें। इससे उनके निजी जीवन में दखलंदाजी होगी।
- जब आप थके, तनावग्रस्त या भावनात्मक रूप से उद्वेलित हों तो इच्छा यंत्र का उपयोग न करें।
- असंभव बातों की इच्छा न करें। इस बारे में अपनी अंत: प्रेरणा से काम लें।
- आप जितनी अच्छी इच्छा व्यक्त करेंगे उतना ही बेहतर नतीजा मिलेगा। यह सदा स्मरण रखें कि दूसरे व्यक्ति के लिए किया गया भला कार्य एक न एक दिल आपकी सहायता करेगा।
- बेवजह इच्छा यंत्र का उपयोग न करें अन्यथा ब्रह्मांडिय ऊर्जा का उपव्यय होगा।

इच्छा यंत्र बनाने की विधि :

- कोई भी अगरबत्ती जलाएं ताकि कमरे में खुशबू फैल सके।
- अपने सम्मुख साफ व स्वच्छ कपड़े पर इच्छा यंत्र को रखें।
- आरामदायक मुद्रा में बैठ कर कागज पर अपनी जरूरत या इच्छा लिखें।

- कागज को मोड़कर दोनों हथेलियों के बीच कस कर दबा कर रखें।
- मानसिक तौर पर सात बार इच्छा के लिए प्रार्थना करें तथा **श्वेत प्रकाश मेडिटेशन** करें।
- इच्छा को एक हाथ में रख कर दूसरे हाथ से पिरामिड को स्पर्श करें (हमेशा यह ध्यान रखें कि पिरामिड के शीर्ष को स्पर्श न करें)।
- अपनी इच्छा को पुनः सात बार दोहराएं तथा ऊर्जा को अपने हाथों पर बरसने दें और उसे अपनी इच्छा व पिरामिड इच्छा यंत्र में प्रवाहित होने दें।
- इच्छा को पात्र में रख कर जिस प्रकार के इच्छा यंत्र का आप उपयोग कर रहें हैं उसके पिरामिड से उसे ढ़क दें।
- मानसिक तौर पर भगवान से इच्छा-पूर्ति के लिए प्रार्थना करें और सात बार उस दिव्य शक्ति का आभार व्यक्त करें।
- अब इच्छा यंत्र तैयार है।

इच्छा यंत्रों के लिए संकेत :

इच्छा के साथ क्रिस्टल भी रखा जा सकता है क्योंकि क्रिस्टल उसकी ओर भेजी गई किसी भी ऊर्जा को आत्मसात कर लेता है।

यदि इच्छा यंत्र को उत्तर-दक्षिण दिशा में रखा जाए तो लाभ शीघ्र मिलते हैं।

स्मरण रखें :

एक यंत्र में एक ही इच्छा रखें। वैसे अनेक इच्छा यंत्र भी तैयार किए जा सकते हैं और सामूहिक रूप से उन्हें शक्ति दी जा सकती है।

चेतावनी :

अगर अनेक इच्छा यंत्र बनाए जाते हैं तो इच्छाओं को दोहराना नहीं चाहिए और न ही विरोधाभासी इच्छाएं व्यक्त करनी चाहिए।

पिरामिड की रहस्यात्मक विधियां

प्राकृतिक पिरामिड

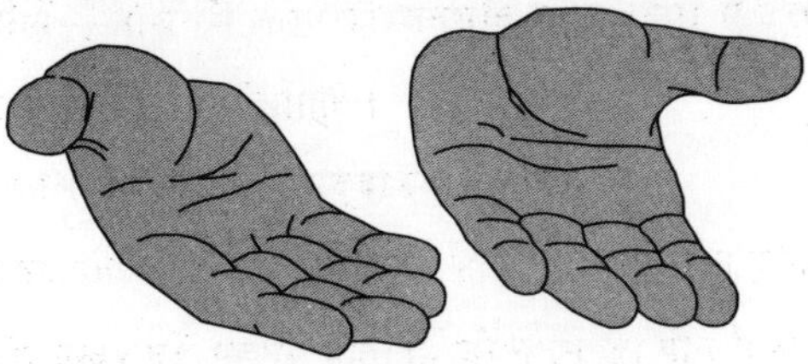

प्रत्येक प्राकृतिक क्रिया की एक प्राकृतिक प्रतिक्रिया होती है। इसी प्रकार हम अपने दैनिक जीवन में ऐसे बहुत से कार्य करते हैं जो हमारे जीवन का एक अंग बन जाते हैं और हम उनकी प्रासंगिकता भूल जाते हैं।

यह तकनीक अनूठी इसलिए है क्योंकि यह हमें यह स्मरण कराती है कि हमारे शरीर में इतनी शक्ति है कि वह औषधियों के बिना उपचार कर सकती है।

हमें जब शरीर में कहीं पीड़ा या जलन होती है तो हमारा हाथ स्वमेव प्रभावित भाग पर जाता है। ऐसे मामले में जब समस्या उत्पन्न हो तो अपनी हथेलियों को इस प्रकार कप का आकार दें कि उनका मध्य भाग गहरा बन जाए। इस आकृति को जब हम बाहर से देखेंगे तो वह त्रिभुज जैसी दिखाई देगी।

अब शरीर के प्रभावित भाग को पहचाने और उसे जानने का आसान तरीका यह है कि शरीर के अन्य भागों की तुलना में उसका तापमान ज्यादा होगा।

प्रभावित भाग पर अपनी एक मुड़ी हथेली को रखें (दबाव न दें वर्ना दर्द बढ़ जाएगा) तथा दूसरी हथेली को ऊपर हवा में उठाकर नेत्र बंद कर लें। फिर "श्वेत प्रकाश मेडिटेशन" को दोहराएं। इस मामले में कप के आकार में मुड़ी हथेली पिरामिड का काम करेगी। वायु में उठी हथेली ऊर्जा की संग्राहक होगी तो दूसरी हथेली ऊर्जा को देने वाली।

अपने हाथों को उस स्थान पर तब तक रखें रहें जब तक कि ऊर्जा का प्रवाह रूक नहीं जाता। यह भी संभव है कि आप को अपना दर्द बढ़ता अनुभव हो। ऐसी स्थिति में हथेली को हटा दें और उसे जोर से इस प्रकार झटके जैसे कोई चीज फेंक रहे हों।

अब हथेली को पुनः प्रभावित भाग पर रखें तथा दूसरी हथेली को हल्के से शरीर पर ऐसे घुमाएं जैसे ऊर्जा का जाल बना रहे हों।

षट् कोण सिद्धी

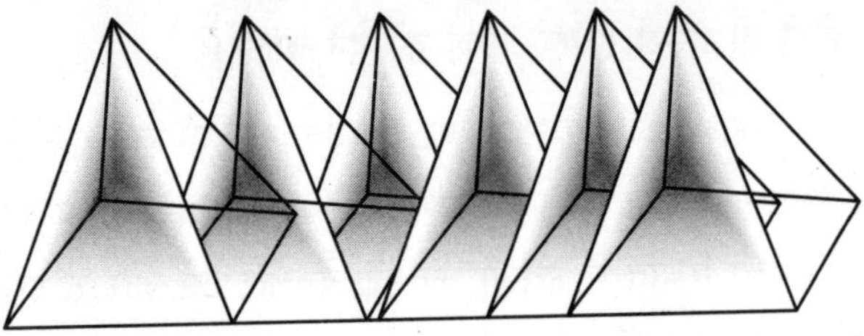

आध्यात्मिकता के क्षेत्र में ऋद्धि व सिद्धी साधक के विकास में महत्वपूर्ण भूमिका अदा करती है। वैसे तो अतींद्रिय शक्तियों के विकास के लिए अनेक तांत्रिक विधियां हैं मगर उनमें से ज्यादातर या तो अत्यंत जटिल हैं और फिर उनके लिए साधक को तांत्रिक अनुष्ठानों में सिद्धी प्राप्त करनी होती है।

अतींद्रिय शक्तियों के उच्च स्तर को प्राप्त करने के लिए षट्कोण सिद्धी एक अनूठी तकनीक है वर्ना अन्य तरीकों से वह स्तर प्राप्त करने में वर्षों लग जाते हैं। साथ ही यह तकनीक अत्यंत सरल है।

साधक को इस तकनीक के उपयोग से पहले निम्न तथ्यों को स्मरण रखना चाहिए :

❖ मासिक स्राव के दिनों में महिलाएं इसका उपयोग न करें।

❖ ध्यान के दौरान नकारात्मक विचार न उभरने दें वर्ना साधक का पतन निश्चित है।

❖ ध्यान के दौरान यह संभव है कि आपको कुछ विशेष ऊर्जाएं सुनाई दें पर उनकी अनुभूति हो। यह भी देखा गया है कि ध्यान

के कुछ स्तरों पर आप को भावनात्मक उथल-पुथल अनुभव हो। ऐसे समय में ***श्वेत प्रकाश मेडिटेशन*** नियमित तौर पर करें।

- यह हमेशा याद रखें कि आस्था आप को आध्यात्मिक विकास के स्तर को बनाए रखने के लिए शक्ति देगी।

तकनीक के लिए वांच्छित सामग्री :

- छः छोटे पिरामिड, एक शक्ति पिरामिड। वैसे एक ही आकार के सात पिरामिड भी इस्तेमाल किए जा सकते हैं।
- यंत्र के निर्माण हेतु चावल का आटा, चाक का पावडर या सफेद रंग।
- सात मोमबत्तियां।

ध्यान करने की प्रक्रिया :

भाग-1

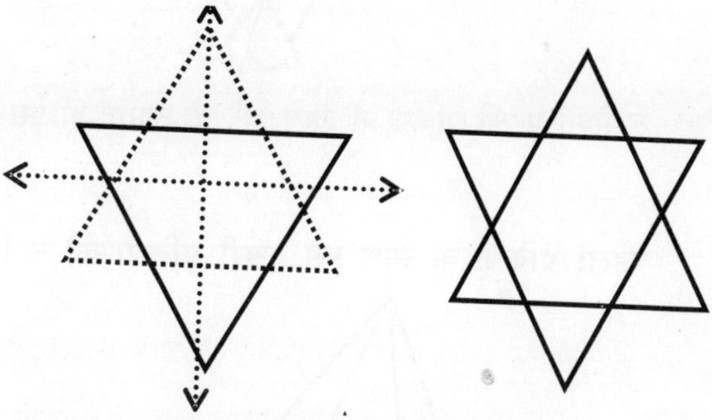

(यह चरण सभी विधियों में प्रयुक्त होगा)।

कमरे के मध्य भाग की पहचान करें ताकि वह यंत्र का भी मध्य भाग या केंद्र बने। इस यंत्र के छः पार्श्व होते हैं जो समान आकार के एक त्रिभु में दूसरे विपरीत त्रिभुज के मिलने से बनते हैं पारंपरिक तौर पर यह यंत्र शिव व शक्ति के मिलन का प्रतीक होता है। यंत्र के मध्य भाग में O चिन्हित करें। यह यंत्र की ऊर्जा का केंद्र होगा।

प्रक्रिया #1

यंत्र के सम्मुख उत्तर दिशा की ओर मुख कर बैठे। फिर नेत्रों को बंद कर अपने हाथों को यंत्र के सामने ऊपर उठाएं। ***श्वेत प्रकाश मेडिटेशन*** करें।

प्रक्रिया #2

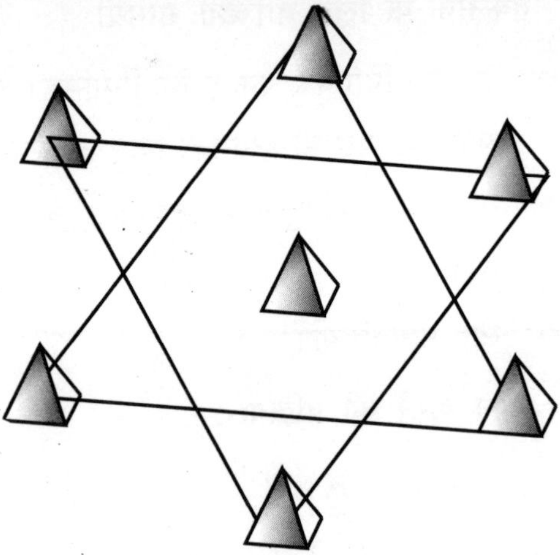

उपरोक्त पहली प्रक्रिया से लाभ होने के उपरांत ही इस विधि को करें।

पहली प्रक्रिया के साथ इस दूसरी प्रक्रिया को न मिलाएं।

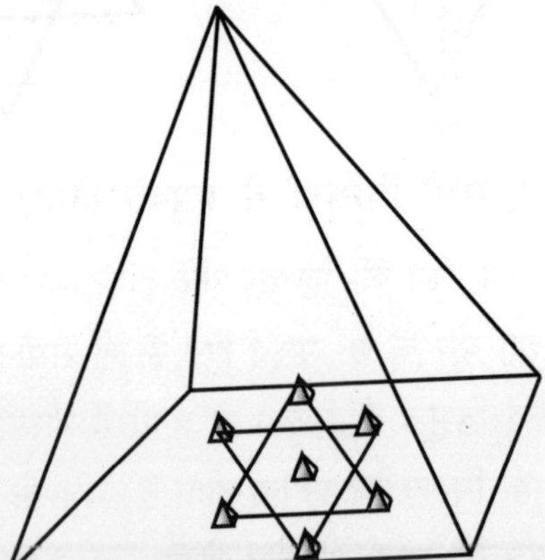

इस तकनीक में यंत्र के छः कोणों पर छः पिरामिड रखें। ये पिरामिड उत्तर से दक्षिण की ओर रखें जाएंगे।

यंत्र के समीप उत्तर दिशा की ओर मुंह कर बैठे तथा अपने दाहिने हाथ में शक्ति पिरामिड रखें फिर अपने नेत्रों को बंद कर बाएं हाथ से पिरामिड की पार्श्वों का स्पर्श करें।

पिरामिड को ऊर्जस्वित करने के लिए बैंगनी प्रकाश पुंज तकनीक दोहराएं और जब आप को अनुभव हो कि पिरामिड उर्जस्वित हो चुका है तब उसे O से चिन्हित यंत्र के केंद्र स्थान पर रखें।

अगला चरण शक्ति पिरामिड के ठीक ऊपर छत का मध्य भाग ढूंढना है। अब एक पिरामिड इस प्रकार बनाएं कि संपूर्ण कमरा उस विशाल पिरामिड का एक भाग बन जाए। यंत्र तथा शेष सातों पिरामिडों को इस विशाल शक्ति पिरामिड के मध्य भाग में होना चाहिए।

अब मानसिक रूप से उस इच्छा की कल्पना करें जिसके लिए आपने ऊर्ज़ा ग्रिड की रचना की थी।

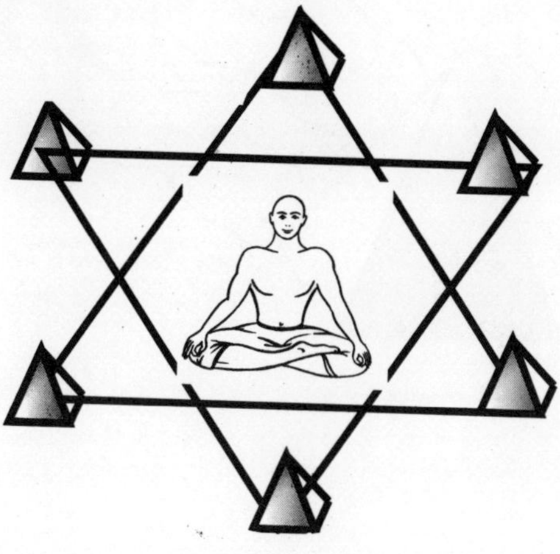

प्रक्रिया #3

प्रथम प्रक्रिया से लाभ होने के बाद ही इसे करें।

प्रक्रिया #1

यह प्रक्रिया भी दूसरी प्रक्रिया के समान है। बस अंतर केवल इतना है कि इसमें आप शक्ति पिरामिड के स्थान पर स्वयं यंत्र के मध्य भाग में बैठते हैं और पहले बताई गई प्रक्रिया को करें।

पूर्व दिशा की शक्ति

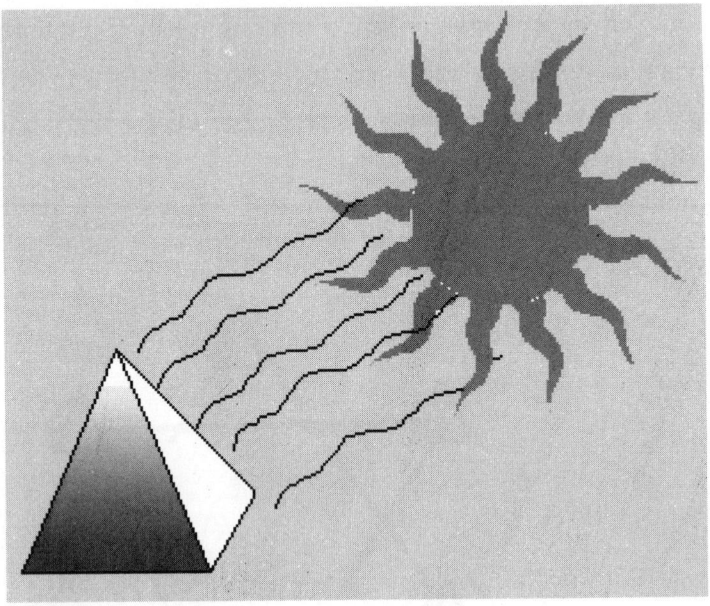

यह सूर्य की आंतरिक शक्तियों को आत्मसात करने व समझने का शक्तिशाली अभ्यास है।

कुछ महत्वपूर्ण निर्देश :

- ➢ दोपहर से पूर्व इस तकनीक को भली प्रकार कर लेना चाहिए।
- ➢ किसी भी अवस्था में इस तकनीक को ग्रीष्मकाल के गर्म दिवस को न करें क्योंकि उससे जहां त्वचा को हानि पहुंचेगी वहीं शरीर में नकारात्मक ऊर्जाएं प्रवाहित होंगी।
- ➢ मौसम के अनुसार वस्त्रों को आरामदेह होना चाहिए।
- ➢ इस तकनीक को करने से पूर्व कम से कम तीन घंटे का अंतर होना चाहिए।

वांच्छित सामग्री :

- एक पिरामिड
- लाल साटन का एक चौरस टुकड़ा। उसका आकार इतना होना चाहिए कि पिरामिड पूर्णतः ढ़क जाए।

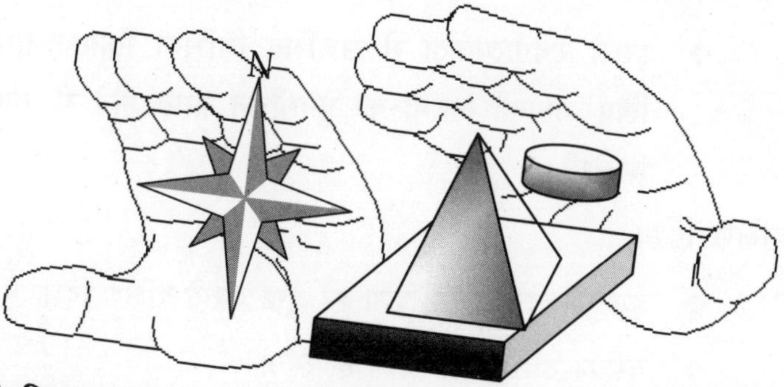

उत्तरी दिशा :

❖ लाल साटन के कपड़े के टुकड़े पर पिरामिड को इस प्रकार रखें कि उसका एक कोण उत्तर दिशा में हो अर्थात् शेष कोण पश्चिम,

पूर्व व दक्षिण दिशा में होंगे। पिरामिड पर भरपूर सूर्य किरणें पड़ रही हों।

- ❖ उत्तर दिशा में ऐसे बैठें कि मुख दक्षिण में हो (टिप्पणी : नंगे फर्श पर कभी न बैठे, किसी आसन का उपयोग करें)।
- ❖ कुछ बार गहरी श्वसन क्रिया करें जब तक कि आपको अपने शरीर में गर्माहट न अनुभव हो।
- ❖ आशीर्वाद देने की मुद्रा से मिलती-जुलती हाथ की मुद्रा बना उसे पिरामिड की ओर ले जाएं।
- ❖ कल्पना कीजिए कि श्वेत ब्रह्मांडिय ऊर्जा आपके समूये शरीर को ढ़क रही है।
- ❖ हथेलियों को पूर्ववर्ती स्थिति में रखते हुए गहरी श्वसन क्रिया जारी रखें।
- ❖ अपने नेत्रों को बंद कर मानसिक रूप से कल्पना करें कि पिरामिड आपकी भौंहों के मध्य में है और सूर्य किरणें उसे स्पर्श कर रही हैं।
- ❖ 10 मिनिट तक इसी मुद्रा में बैठे रहें।
- ❖ **इससे रचनात्मकता से संबंधित विभिन्न क्रियाकलापों के लिए आपकी आत्मा का पुनर्यौवन प्राप्त होने में सहायता मिलेगी।**

दक्षिण दिशा :

- ❖ इस मामले में उत्तर दिशा को मुख करके दक्षिण दिशा में बैठे।
- ❖ तरीका उत्तरी दिशा जैसा ही रहेगा।
- ❖ **इससे रचनात्मकता से संबंधित क्रियाकलापों के लिए आपके शरीर को नई शक्ति और ऊर्जा मिलेगी।**

पूर्वी दिशा :

- पश्चिम दिशा की ओर मुख कर पूर्व दिशा में बैठे।
- पद्धति उत्तरी दिशा जैसी ही होगी।
- **इससे ध्यान के गहरे स्तर में जाने में सहायता मिलेगी। साथ ही यह उपचारकारी व्यक्तियों/पौधों या किसी भी जीव के लिए शक्तिशाली माध्यम भी होता है।**

पश्चिमी दिशा :

- पूर्वाभिमुख होकर पश्चिम दिशा में बैठें (ग्रीष्मकाल में इसका अभ्यास न करें)।
- **इस तकनीक से उग्र रोगों से ग्रस्त व्यक्तियों के उपचार में सहायता मिलेगी।**
- पद्धति उत्तरी दिशा जैसी ही है।
- इसे करने से पूर्व तीन बार अपने उद्देश्य को दोहराएं।
- इस अभ्यास को करने से पहले व बाद में स्वस्थ किए जाने वाले व्यक्ति का नाम तीन बार दोहराएं।
- इसे करने के पश्चात् इसके उद्देश्य को मानसिक तौर पर तीन बार दोहराएं तथा इतनी ही बार भगवान का आभार व्यक्त करें।
- इस तकनीक का लगातार 15 दिनों तक उपयोग करें। ब्रह्मांडिय शक्ति के आशीर्वाद से संभव है कि रुग्ण व्यक्ति स्वयं को स्वस्थ अनुभव करें।

इस तकनीक को करने के पश्चात् पिरामिड को लाल साठिन के टुकड़े में भली प्रकार लपेट कर सुरक्षित स्थान पर रख दें।

टिप्पणी :

पिरामिड को कभी भी धोएं नहीं वर्ना इच्छा शक्ति और ध्यान से उसमें उत्पन्न शक्ति खत्म हो जाएगी।

उद्देश्य व इच्छा पूर्ति के पश्चात् पिरामिड का शुद्धिकरण करें।

भूगोल शक्ति

यह आत्माओं से संपर्क साधने की एक शक्तिशाली पद्धति है।

टिप्पणी : *इस पद्धति को दृश्यात्मक पद्धति के द्वारा भी किया जा सकता है।*

वांच्छित सामग्री :

- गाय का ताजा दूध ½ लीटर
- तांबे का एक कप
- 50 अगरबत्तियां
- मिट्टी के चार दीपक, तेल, बत्तियां।

इस पद्धति के लिए रात साफ होनी चाहिए तथा स्वच्छ व खुला आयताकार स्थान होना चाहिए। अब खुले स्थान के चारों कोनों में मिट्टी व गारे से चार आयत बनाएं।

मिट्टी से बने चारों आयतों पर एक-एक दीपक जलाएं और पांच-पांच अगरबत्तियां उनके पास रखें।

इस ग्रिड के दक्षिण भाग में बैठ कर नेत्रों को बंद करें और हाथों को घुटनों पर रखकर निम्न प्रार्थना करें —

हे अग्नि देवता मैं आपका स्वागत करता हूं,
इस अलौकिक गव्हर में,

अपने सनातन सत्य को उजागर होने दें,
ठीक ऐसे ही जैसे दिन के बाद रात्रि आती है,
उसे सत्य की भांति आगे आने दें,
उस पवित्र अग्नि को प्रभु के नेत्र बनने दें,
इसे अपनी प्रज्जवलित एवं चमकती भौं बनने दें,
कृपया उसे तीसरे नेत्र की शक्ति बनने दें,
वह जो दोनों नेत्रों के मध्य चमकती हैं,
कृपया अपने चेहरे को समय व स्थान का यथार्थ बताने दें,
हर सभी के संरक्षक सूर्य की भांति प्रज्जवलित हो,
अपने शत्रुओं पर लंबी छाया डालते।
अच्छाई–बुराई के महासंग्राम में कट जाने दो,
स्वयं ब्रह्मांड की शक्तियों से तुमने इसे प्राप्त किया है,
चार भागों में बांट आंतरिक संचेतना को प्राप्त करले,
ये चार अग्नियां सहयोग लेती हैं पृथ्वी, शरीर आत्मा और मृतात्मों से,
कृपया अग्नि को तुम्हारे गुप्त रहस्य जानने का पथ बनने दें,
इसे मेरा एक भाग बनने दें मित्र, सलाहकार और मसीहा के रूप में,
ओ, पृथ्वी, आकाश, अग्नि व जल के देवता

पुत्रवत् मुझे आशीर्वाद दो,
मार्गदर्शन करे।

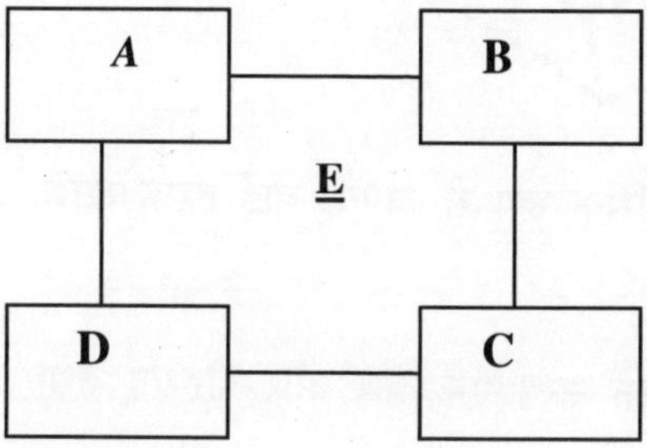

दाहिनी हथेली की अंजुली बना कर उसमें दूध उडेल बिंदु–A पर छिड़कें। फिर इसी प्रक्रिया को बिंदु B, C व D पर दोहराएं। अंत में बिंदु–E पर छिड़कें।

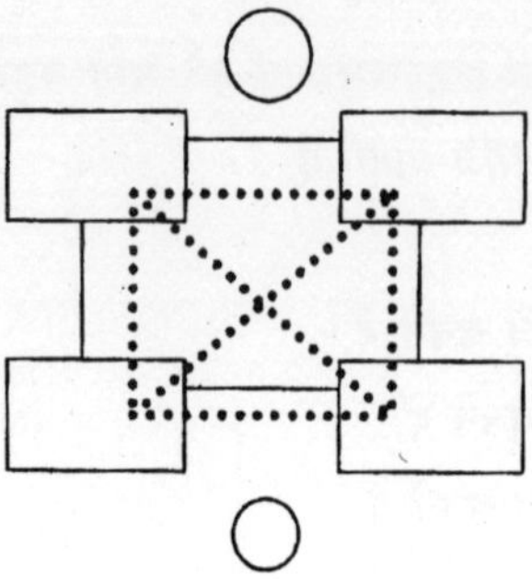

मानसिक तौर पर A को B से B को C, C को D और D से A को मिलाएं। अब बिंदु-E के ठीक ऊपर एक केंद्र बिंदु को निश्चित करें, A व D के मध्य की ऊंचाई के समान।

अब मानसिक तौर पर बिंदु A, D, C व B को शीर्ष बिंदु पर जोड़े। यह एक शक्तिशाली दृश्यात्मक पिरामिड का निर्माण करेगा।

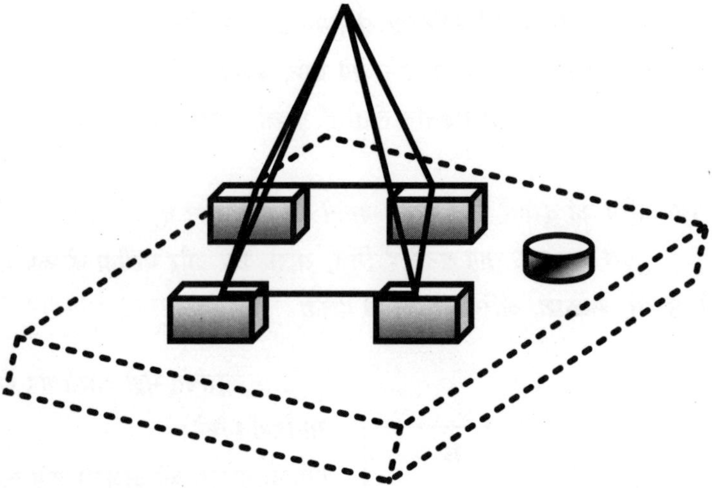

अब नेत्रों को बंद कर मानसिक रूप से अपनी बाईं तरफ खाद्य सामग्री एवं वस्त्र रखें।

इसी प्रक्रिया को शेष दूध के साथ एक बार और दोहराएं तथा दूध को पांचों बिंदुओं पर छिड़कें लेकिन इस प्रकार कि चारों दीपक बुझ जाएं। साथ में प्रार्थना करें —

हे अग्नि देव, मैं प्रार्थना करता हूं इन ज्वालाओं को आगे बढ़ाने की,
स्वर्ग में पहुंच कर आत्माओं से मिलने के लिए,
कृपया उसे वापस न लौटाया जाए नर्क के दरवाजे की ओर,
मेरी यह भेंट भोजन व वस्त्रों की, उस तक पहुंचने दें,
अंतिम संस्कार के देव, तुझे प्रणाम।
आत्मा का नाम कृपया मुझे आप से मिलने दें,
आत्मा का नाम कृपया मुझे आप से मिलने दें,
आत्मा का नाम कृपया मुझे आप से मिलने दें,
मुझे आपकी जरूरत है, जरूरत है, जरूरत है!

दीपक बुझाने के बाद उपरोक्त प्रार्थना को चार बार दोहराना है।

- प्रार्थना दूसरी बार दोहराते समय कल्पना करें कि संपूर्ण पिरामिड अग्नि का बना दें।
- तीसरी बार प्रार्थना करते समय वह अग्नि, प्रकाश के स्तंभ में परिवर्तित हो जाता है।
- चौथी बार प्रार्थना करते समय महसूस करें कि पिरामिड के मध्य में स्पंदन हो रहा है।
- जब पांचवीं बार प्रार्थना खत्म होगी तो पिरामिड के केंद्र में होने वाला स्पंदन आपसे संपर्क करेगा।

टिप्पणी :

अगर आप नियमित तौर पर अपने मृत पूर्वजों के लिए इसे करते हैं तो आपके कर्म से वह आत्मा शुद्ध हो जाएगी और वह आपके साथ देवता के रूप में रहेगी, उसमें देवताओं की शक्ति रहेगी और वह आपके प्रयत्नों में मार्गदर्शक रहेगी।

साधक व आत्मा के मध्य में तब तक संबंध रहेगा जब तक कि उसे श्रद्धापूर्वक वापस नहीं भेजा जाता।

यह संवाद मानसिक होगा और साधक संबंधित शक्ति के संपर्क में

रहेगा। मानसिक स्तर पर प्रश्न–उत्तर होंगे किंतु वांच्छित उत्तर मिलने पर निम्न कर्म कांड करना ना भूलें।

नमस्कार की मुद्रा में नेत्र बंद कर प्रार्थना करें —

हे महान् अग्नि देव, मैं आपको नमन करता हूं,
मैं सत्य से अनजान हूं, कृपा कर मुझे ज्ञान दीजिए,
मैं बलि–वेदी को उल्टा दूंगा, क्रोध से मेरी रक्षा कीजिए,
तुम अग्नि प्रज्जवलित करते हो, मगर मैं नहीं करने दूंगा,
तुम्हारी अग्नि मेरी हर बाधा से रक्षा करें,
भगवान आत्मा का नाम भौतिक जीवन से मुक्त हो जाए,
भगवान आत्मा का नाम उसे आत्माओं के संसार में लौटा दें।
भगवान आत्मा का नाम उसे आत्माओं के संसार में लौटा दें।
भगवान आत्मा का नाम उसे आत्माओं के संसार में लौटा दें।
भगवान आपका धन्यवाद, धन्यवाद, धन्यवाद।

टिप्पणी :

1. अगर साधक स्वयं की अंतरात्मा से संपर्क साधना चाहता है तो उसे आत्मा के स्थान पर स्वयं का नाम लिखना चाहिए।
2. अगर साधक किसी मृत पुरुष या स्त्री से मिलना चाहते हैं तो उसे आत्मा के स्थान पर उन लोगों का नाम लिख लें।

चेतावनी !!!

इस विधि में जीवन व मृत्यु के मध्य महीन रेखा होती है और आत्माओं, मृत आत्माओं की दुनियां का द्वार खोल देती है इसलिए साधकों को सलाह दे कि वे इससे खिलवाड़ न करें।

महत्वपूर्ण

अगर आप किसी कारणवश आत्मा को वापस नहीं भेज पाते हैं तो उस स्थान को गंगाजल/पवित्र जल से शुद्ध कर उस आत्मा से क्षमा मांगें और कम से कम 2–3 भूखे बच्चों को खाना खिलाएं।

पिरामिड की ऊर्जा का दोहन

(काट कर उपयोग करने वाले पिरामिड)

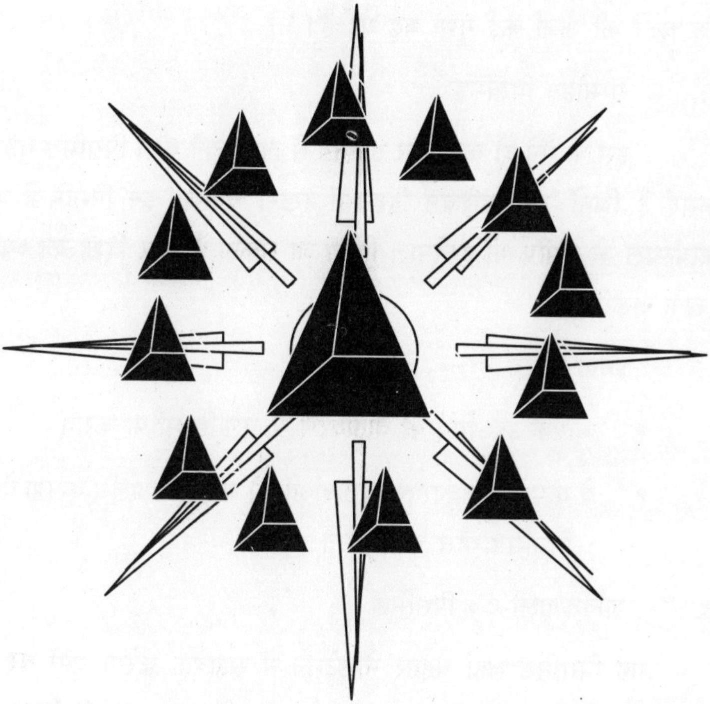

पिरामिड की संरचना

प्रस्तुत भाग में मैंने ऐसे विभिन्न पिरामिडों का उल्लेख किया है जिन्हें काट कर उपयोग में लाया जा सकता है। इन पिरामिडों को काट, गत्ते पर चिपका, रेखांकित स्थानों से मोड़ कर किनारों को चिपका अपना स्वयं का पिरामिड बना सकते हैं।

1. शक्तिमय कुंडलिना पिरामिड

चक्र के प्रत्येक चित्र पर ध्यान केंद्रित करें तथा आप अनुभव करेंगे कि चक्रों की ऊर्जा कई गुणा बढ़ गई है।

2. सम्मोहन पिरामिड

इस के मैंने दो काटा कर उपयोग में लाए जाने वाले पिरामिड मुहैया कराएं हैं जिन्हें उत्तर-पश्चिम दिशा में रखना चाहिए। इन पिरामिडों को कार्यस्थल के समीप भी इस्तेमाल किया जा सकता है मगर दिशा का ध्यान रखना जरूरी है।

इनके उद्देश्य हैं —

- आपके ईद-गिर्द के वातावरण में प्रशांति मुहैया कराएं।
- वे कमरों से नकारात्मक ऊर्जाओं को बाहर निकाले (कृपया देखें : पिरामिड कैसे कार्य करते हैं)।

3. शक्तिशाली ॐ पिरामिड

यह पिरामिड जहां बेहतर मेडिटेशन में सहायता करेगा वहीं घर में सकारात्मक ऊर्जाएं बढ़ाएगा। इसे घर की उत्तर-दक्षिणी दिशा के समानांतर पूर्वी दिशा में रखें।

शक्तिशाली कुंडलिनी पिरामिड

सम्मोहक पिरामिड

सम्मोहक पिरामिड

शक्तिशाली ॐ पिरामिड

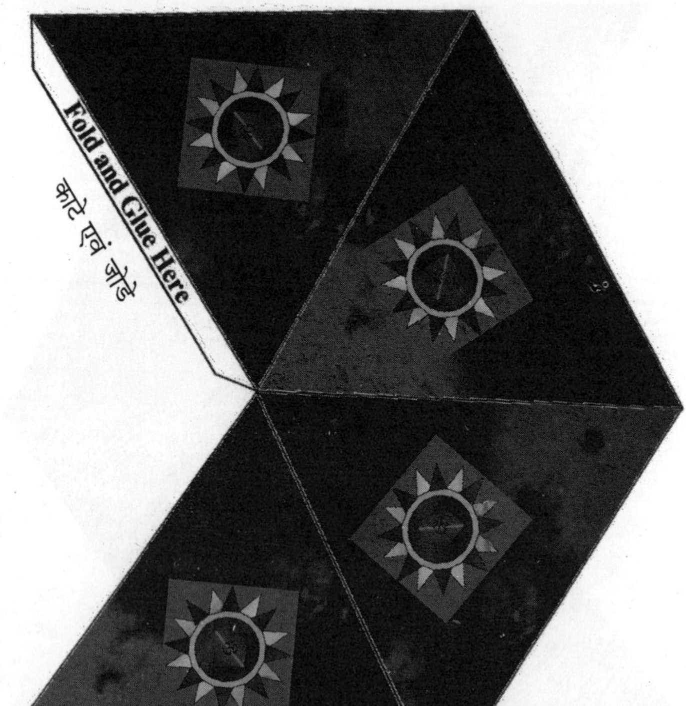

पावर ग्रिड

इस खंड में मैंने साधकों के लिए अनेक संरचनाएं दी हैं तथा इन्होंने हजारों व्यक्तियों को चमत्कारिक रूप से विभिन्न समस्याओं के मामले में लाभान्वित किया है।

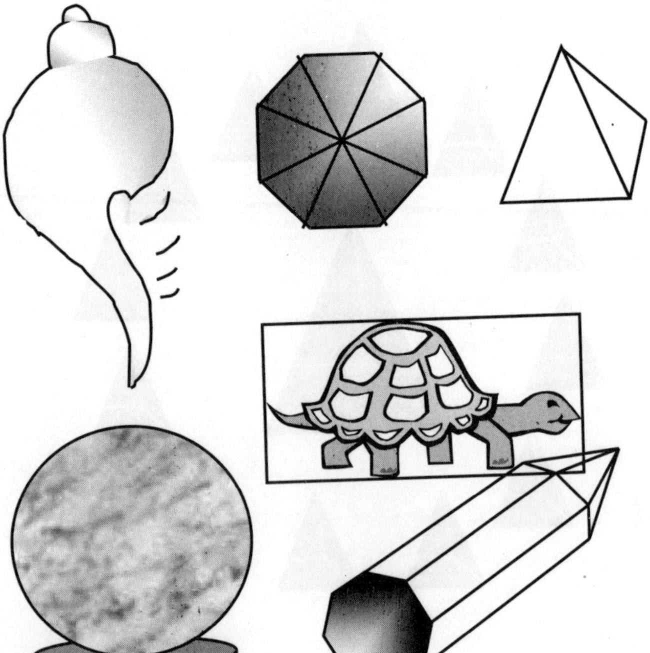

मुझे पूर्ण विश्वास है कि इससे आप को अपने उद्देश्यों को प्राप्त करने में सफलता मिलेगी।

प्रस्तुत खंड में उपयोगी वस्तुओं का वर्णन

इस खंड में मैंने अनेक ग्रिडों का वर्णन किया है जो विभिन्न वस्तुओं से बनाई जा सकती है किंतु वांच्छित उद्देश्यों की प्राप्ति के लिए मूलभूत वस्तुओं के उपयोग को समझना बहुत जरूरी है।

शंख के आकार का क्रिस्टल

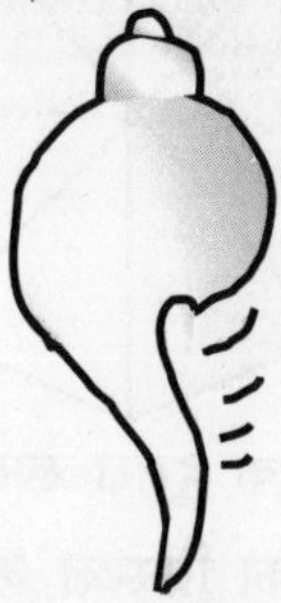

ग्रिड की संरचना में यह एक महत्वपूर्ण वस्तु है। प्राचीनकाल से ही धार्मिक क्रिया-कलापों एवं अन्य पूजा कार्यों के लिए शंख को पवित्र वस्तु माना जाता रहा है।

शंख समुद्र की तलहटी में पाया जाता है और यह कहा जाता है कि जब कोई व्यक्ति शंख को अपने कान के समीप रखता है तो उसे लहरों की ध्वनि सुनाई देती है।

शंख से निकलने वाली ध्वनि प्रारंभिक ॐ की ध्वनि की प्रतीक होती है और माना जाता है कि शंख ध्वनि अपने आसपास की नकारात्मक शक्तियों को भगा देती है।

शंख के लाभ :

- शंख चूंकि दिव्य मूल का है इस कारण वह जहां रखा जाएगा वहां सकारात्मक ब्रह्मांडिय ऊर्जा का प्रवाह होगा।
- शंख ध्वनि सभी जीवाणुओं एवं विषाणुओं का नाश करती है।
- कमरे के पश्चिमी भाग में शंख रखने से वित्तीय लाभ होते हैं।

- शंख रखने वाले व्यक्तियों के लिए भय और दुखः दर्द कोई अर्थ नहीं रखते।

अष्टकोणीय क्रिस्टल

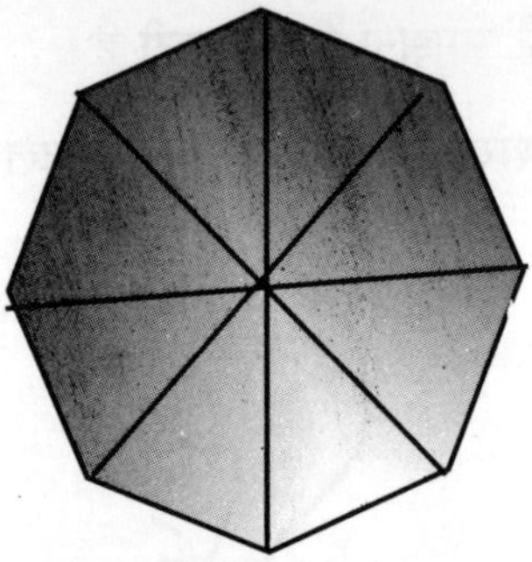

यह क्रिस्टल का एक दूसरा रूप है जा ग्रिड जो शक्तिशाली बनाता है तथा इस प्रकार का क्रिस्टल आकार में अष्टकोणीय होता है तथा ब्रह्मांड की आठ प्रमुख शक्तियों का प्रतीक होता है।

1. पांच प्रमुख शक्तियां (पृथ्वी, जल, अग्नि, वायु एवं आकाश)
2. मनःशक्ति
3. चित्त शक्ति
4. प्राकृतिक शक्ति

ये शक्तिशाली आकार शरीर में निवास करने वाली आठ शक्तियों के प्रतीक होते हैं —

1. मूलाधार चक्र
2. स्वाधीस्थान चक्र
3. मणिपुर चक्र
4. अनद्ध चक्र
5. विशुद्धि चक्र
6. आज्ञा चक्र

7. बिंदु चक्र
8. सहस्त्र चक्र

अष्टकोणीय क्रिस्टल के कुछ लाभ

- ❖ अष्टकोणीय पिरामिड उपचार, ऊर्जा तथा शरीर के विभिन्न भागों के पुनर्यौवन के लिए लाभकारी रहते हैं।
- ❖ अगर कोई व्यक्ति अपने पास अष्टकोणीय पिरामिड रखता है तो उसके समीप कोई बीमारी नहीं फटकती।

कछुआ

प्राचीनकाल से ही कछुआ बुद्धिमत्ता, ज्ञान, दीर्घ जीवन एवं समृद्धि का प्रतीक रहा है।

कछुवे की कठोर पीठ विभिन्न जीवन शैलियों की प्रतीक होती है। साथ ही वह विभिन्न बाधाओं को पार करने में कोमलता व नम्रता की प्रतीक भी होती है।

देवताओं व असुरों द्वारा समुद्र मंथन के समय मेरू पर्वत को संभालने के लिए भगवान विष्णु ने कश्चय अवतार लिया था।

क्रिस्टल बॉल और संकेतक

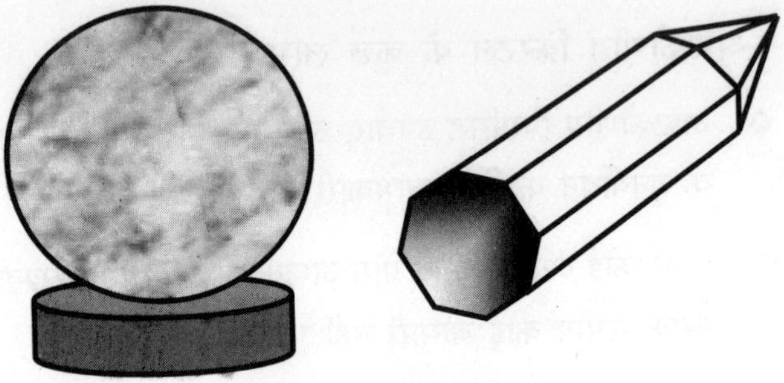

प्राचीनकाल से ही यह मान्यता रही है कि क्रिस्टल नकारात्मक ऊर्जाओं को आत्मसात कर व्यक्तियों के लाभ के लिए सकारात्मक ऊर्जाओं का विकिरण करती है।

शीर्षक : **शक्ति ग्रिड–1**

उद्देश्य : पंच तत्वों के संतुलन के लिए।
मस्तिष्क, शरीर व आत्मा के संतुलन के लिए।

वांच्छित सामग्री : 9 श्वेत ग्रिड पिरामिड
1 पीला/हरा/लाल नौ ग्रिड पिरामिड
5 विभिन्न रंग के बड़े पिरामिड

स्थिति : घर की उत्तर–पूर्वी दिशा में।

शीर्षक : **शक्ति ग्रिड–2**

उद्देश्य : मस्तिष्क, शरीर व आत्मा के संतुलन के लिए घर में निवास करने वाली आत्मा के संतुलन के लिए।
घर/कार्यालय में तनाव कम करने के लिए।

वांच्छित सामग्री : 9 श्वेत, नौ ग्रिड पिरामिड
1 बड़ा नौ ग्रिड पिरामिड
1 बड़े आधार के नौ ग्रिड पिरामिड

स्थिति : घर की उत्तर-पूर्वी दिशा में मस्तिष्क, शरीर व आत्मा के विकास के लिए।
तनाव के लिए उत्तर-पूर्वी दिशा में।

शीषर्क : **शक्ति ग्रिड-3**
उद्देश्य : बुखार, सर्दी-जुकाम व सिरदर्द के उपचार के लिए। गहरी निद्रा के लिए।
वांच्छित सामग्री : 6 श्वेत नौ ग्रिड पिरामिड
1 श्वेत बड़ा पिरामिड
3 विभिन्न रंग के बड़े पिरामिड
स्थिति : घर की दक्षिण-पूर्वी दिशा में।

शीषर्क : **शक्ति ग्रिड-4 व 5**
उद्देश्य : पंच तत्वों के संतुलन के लिए मस्तिष्क, शरीर व आत्मा के संतुलन के लिए परिवार को विभिन्न बीमारियों से छुअकारे के लिए।
वांच्छित सामग्री : 9 श्वेत नौ ग्रिड पिरामिड
2 बड़े नौ ग्रिड पिरामिड
1 बड़ा पिरामिड
7 विभिन्न रंगों के बड़े पिरामिड
पावर ग्रिड-5
विभिन्न रंगों के सात पिरामिड
8 श्वेत नौ-ग्रिड पिरामिड
स्थिति : घर की उत्तर-पश्चिम दिशा में।

शीषर्क : **शक्ति ग्रिड-6**
उद्देश्य : श्वसन क्रिया के रोगियों के उपचार हेतु
वांच्छित सामग्री : 1 गुलाबी क्रिस्टल गेंद

		3 क्रिस्टल गेंद
		4 संकेतक
		1 बड़ा पिरामिड
		4 विभिन्न रंगों के बड़े पिरामिड
स्थिति	:	रोगी की उत्तरी दिशा में।

शीषर्क	:	**शक्ति ग्रिड–7**
उद्देश्य	:	स्नायु रोग ग्रस्त व्यक्तियों एवं मस्तिष्क के संतुलन हेतु
वांच्छित सामग्री	:	9 श्वेत नौ ग्रिड पिरामिड
		2 क्रिस्टल गेंद
		1 बड़ा पिरामिड
		1 बड़े आधार वाला नौ–ग्रिड पिरामिड
स्थिति	:	रोगी की दक्षिण/दक्षिण–पश्चिम दिशा में।

शीषर्क	:	**शक्ति ग्रिड–8**
उद्देश्य	:	घर की शुद्धि के लिए
वांच्छित सामग्री	:	4 श्वेत नौ ग्रिड पिरामिड
		1 बड़ा नौ ग्रिड पिरामिड
		4 विभिन्न रंगों के पिरामिड
स्थिति	:	घर की उत्तर–पश्चिम दिशा।

शीषर्क	:	**शक्ति ग्रिड–9**
उद्देश्य	:	संधिवात के उपचार हेतु
वांच्छित सामग्री	:	8 श्वेत नौ ग्रिड पिरामिड
		2 बड़े नौ ग्रिड पिरामिड
		1 बड़ा पिरामिड
		2 विभिन्न रंगों के बड़े पिरामिड
		1 बड़े आधार का नौ ग्रिड पिरामिड

4 संकेतक क्रिस्टल

स्थिति : रोगी की दक्षिण दिशा में।

शीषर्क : **शक्ति ग्रिड–10, 11**

उद्देश्य : सभी चिकित्सा प्रणालियों व संपूर्ण उपचार के लिए। सर्वाधिक शक्तिशाली ग्रिड।

वांच्छित सामग्री : **शक्ति ग्रिड–10**

6 श्वेत नौ ग्रिड पिरामिड

2 बड़े नौ ग्रिड पिरामिड

1 बड़ा पिरामिड

4 क्रिस्टल गेंद

1 अंडाकार क्रिस्टल

4 बड़े क्रिस्टल संकेतक

1 सूर्याकार क्रिस्टल

1 क्रिस्टल पिरामिड

1 अष्टकोणीय पिरामिड

शक्ति ग्रिड–11

8 श्वेत नौ ग्रिड पिरामिड

2 बड़े नौ ग्रिड पिरामिड

1 बड़ा पिरामिड

1 बड़े आधार का नौ ग्रिड पिरामिड

2 विभिन्न रंग के बड़े पिरामिड

4 बड़े क्रिस्टल संकेतक

1 उपचारक गेंद

स्थिति : कमरे के केंद्र स्थान/पूर्वी दिशा में।

शीषर्क : **शक्ति ग्रिड–12**

उद्देश्य : हृदय, फेफड़ों व वक्ष समस्याओं के लिए

वांच्छित सामग्री : 1 क्रिस्टल पिरामिड
2 छोटे क्रिस्टल पिरामिड
4 एक क्रिस्टल संकेतक
2 जुड़वा क्रिस्टल संकेतक
4 बड़े क्रिस्टल संकेतक

स्थिति : रोगी की दाहिनी दिशा में रखें।

शीषर्क : **शक्ति ग्रिड–13**

उद्देश्य : कैंसर व हृदय रोगों जैसे उग्र रोगों के उपचार हेतु

वांच्छित सामग्री : 1 उपचारक गेंद
3 क्रिस्टल गेंद
4 बड़े क्रिस्टल संकेतक
2 जुड़वां क्रिस्टल संकेतक
14 रुद्राक्ष

स्थिति : रोगी की बाईं दिशा में रखें।

शीषर्क : **शक्ति ग्रिड–14, 15, 16**

उद्देश्य : ये विशेष पिरामिड ग्रिड हैं तथा शक्ति ग्रिड की बाधाओं को दूर करा करते हैं। इनका मेडिटेशन, उच्च आध्यात्मिक विकास, आत्माओं से संपर्क एवं घर की शुद्धि के लिए उपयोग किया जाता है।

वांच्छित सामग्री : **शक्ति ग्रिड–14**
3 क्रिस्टल गेंद
1 गुलाबी क्रिस्टल
1 उपचारक क्रिस्टल
1 छोटी क्रिस्टल गेंद
4 जुड़वा क्रिस्टल संकेतक
2 इकहरे क्रिस्टल संकेतक

1 शंख के आकार का क्रिस्टल

4 बड़े क्रिस्टल संकेतक

1 बड़ा क्रिस्टल पिरामिड

1 छोटा क्रिस्टल पिरामिड

1 कछुवे के आकार का पिरामिड

शक्ति ग्रिड–15

1 क्रिस्टल गेंद

4 जुड़वा क्रिस्टल संकेतक

4 बड़े क्रिस्टल संकेतक

1 छोटा क्रिस्टल पिरामिड

1 शंख के आकार का क्रिस्टल

1 सांड के आकार का क्रिस्टल

14 रुद्राक्ष

शक्ति ग्रिड–16

3 क्रिस्टल गेंद

1 गुलाबी क्रिस्टल

1 बड़ा क्रिस्टल

1 छोटी क्रिस्टल गेंद

4 जुड़वा क्रिस्टल संकेतक

4 इकहरे क्रिस्टल संकेतक

1 छोटा क्रिस्टल पिरामिड

1 बड़ा क्रिस्टल पिरामिड

1 कछुवे के आकार का क्रिस्टल

1 शंख के आकार का क्रिस्टल

4 विभिन्न रंगों के पिरामिड

स्थिति : अंतः प्रेरणा से स्थिति का निर्धारण करें।

पिरामिड
ग्रिड के चित्र

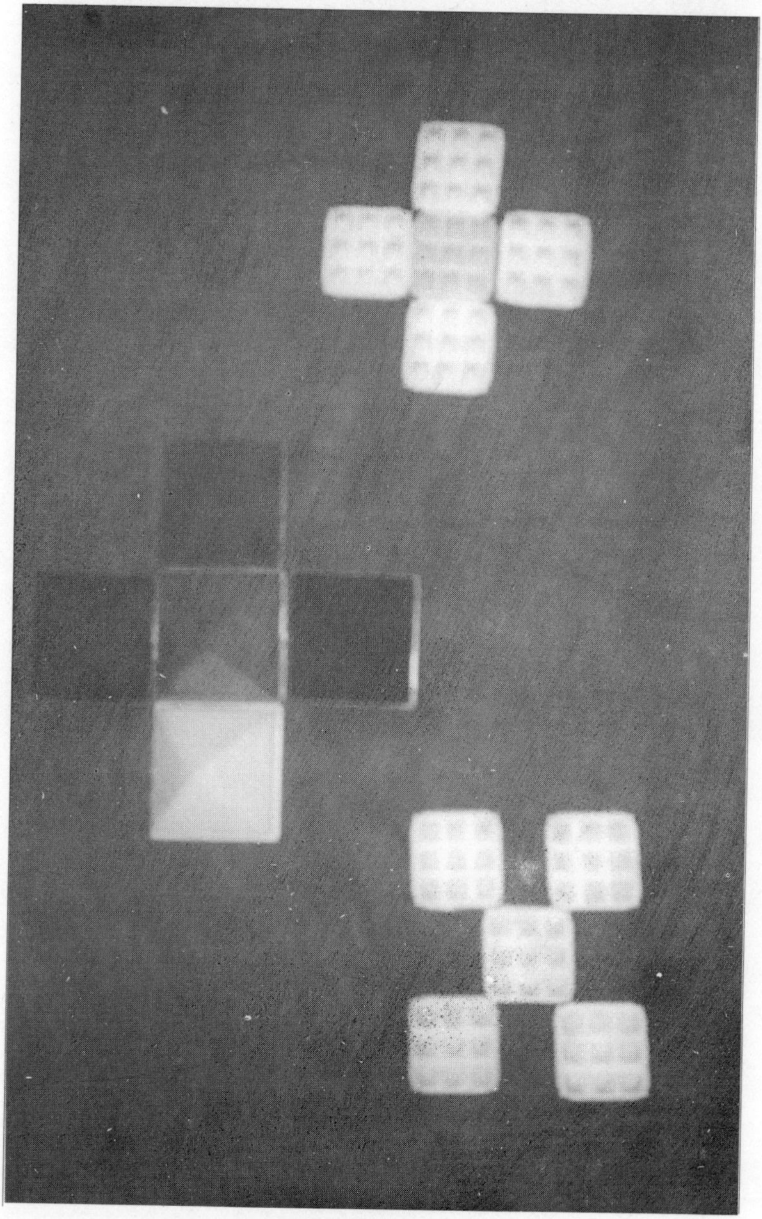

शक्ति ग्रिड-1

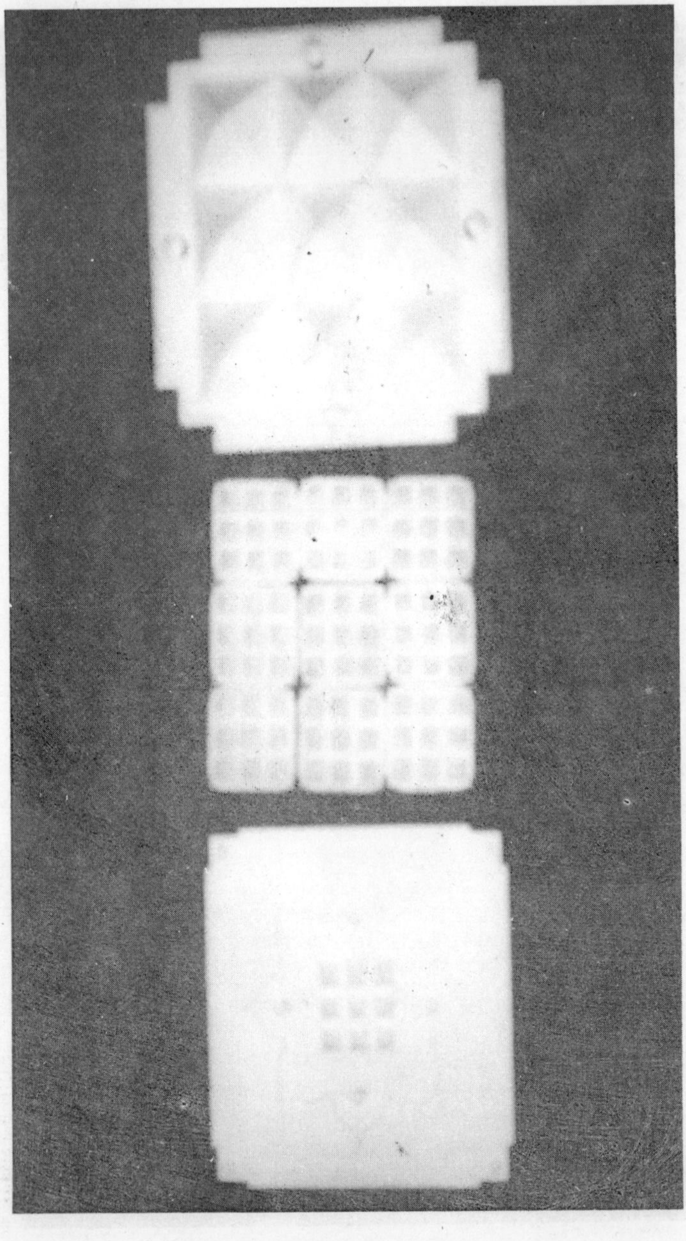

शक्ति ग्रिड–2

शक्ति ग्रिड–3

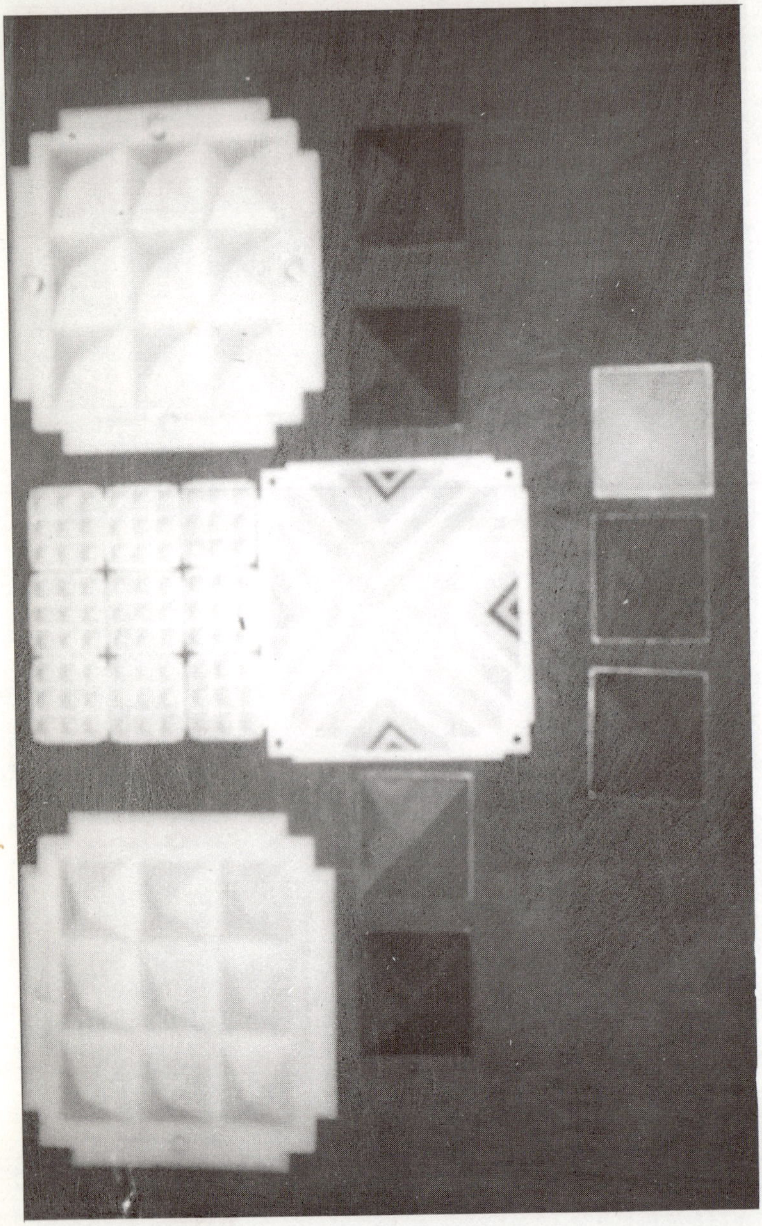

शक्ति ग्रिड-4

शक्ति ग्रिड–5

शक्ति ग्रिड-6

शक्ति ग्रिड-7

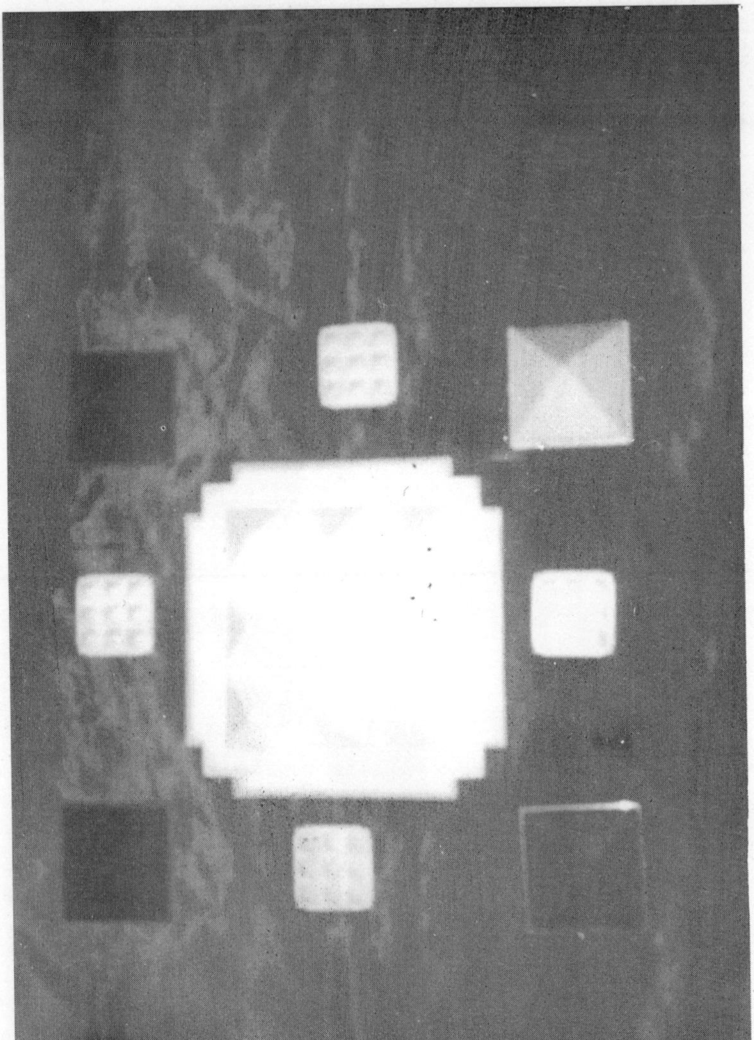

शक्ति ग्रिड-8

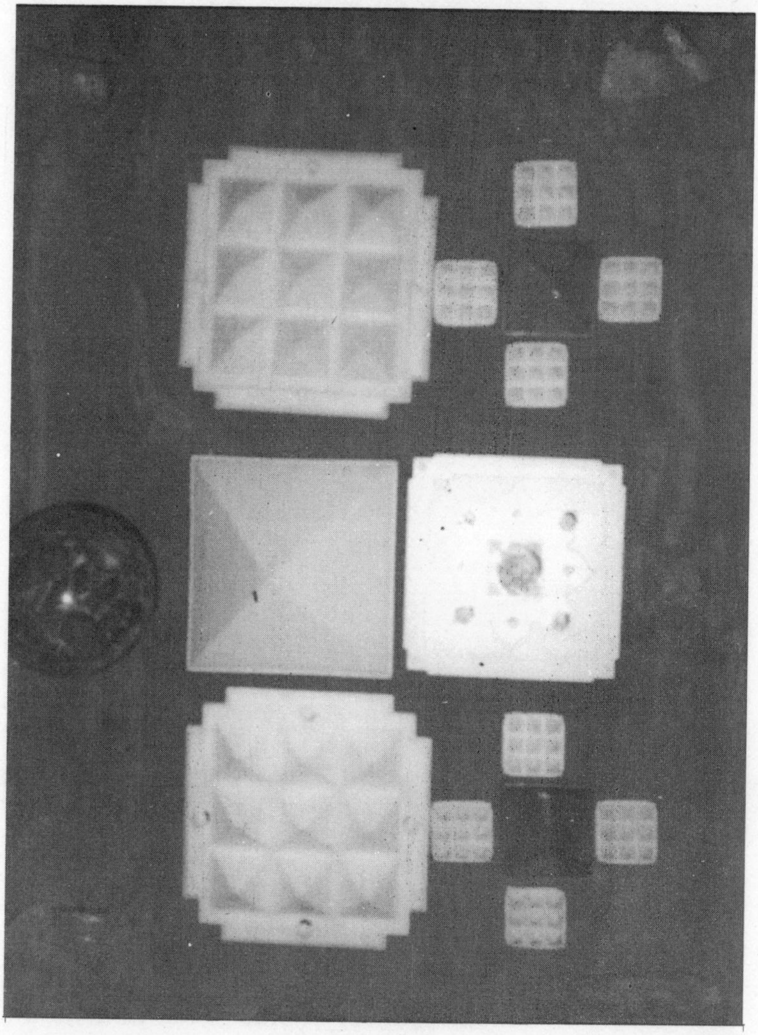

शक्ति ग्रिड–9

शक्ति ग्रिड-10

शक्ति ग्रिड-11

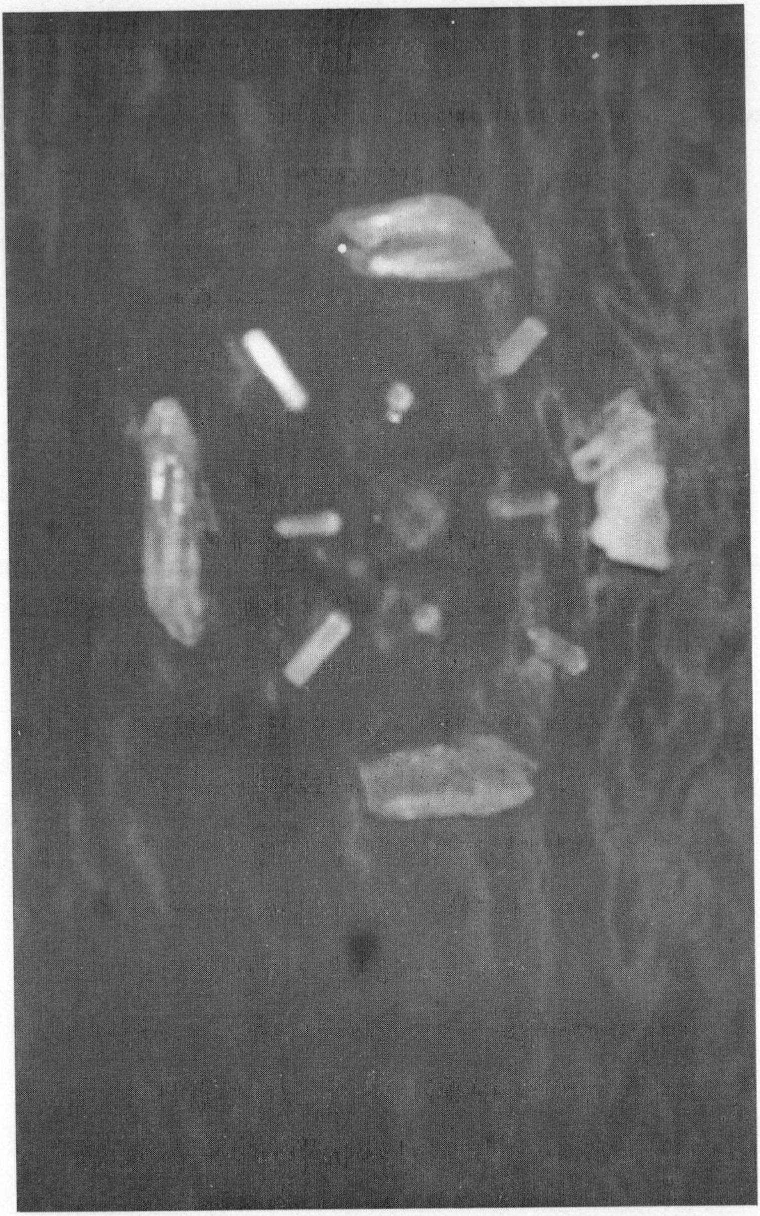

शक्ति ग्रिड–12

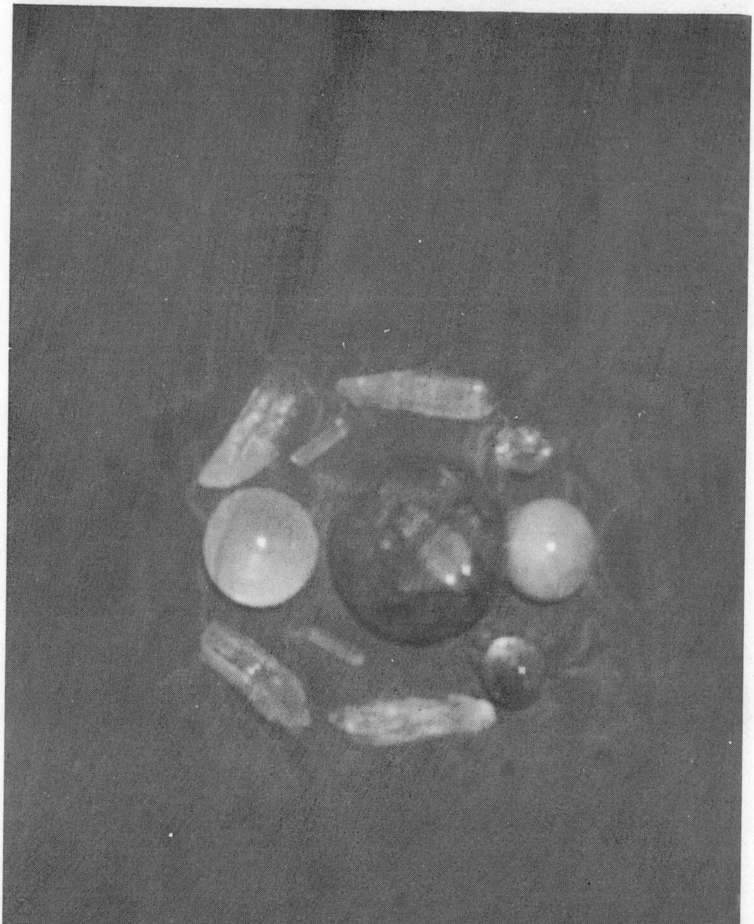

शक्ति ग्रिड-13

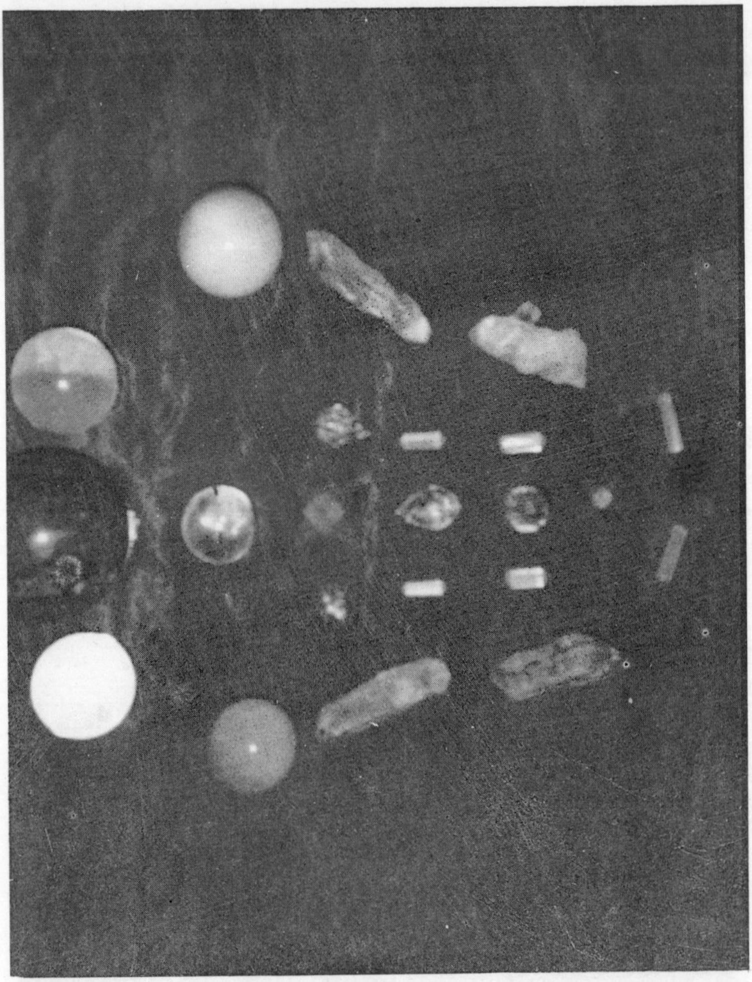

शक्ति ग्रिड-14

शक्ति ग्रिड–15

शक्ति ग्रिड–16